鍋倉健悦

異文化間コミュニケーション入門

丸善ライブラリー

生物の定義、それはコミュニケーションすること。ただし種によって、コミュニケーションの仕方は大きく変わる。そして人間の場合は、〝文化〟がそれを規定しているのである。

文化を抜きにしては人の思考と行動もあり得ない——。

はじめに

異文化を理解しようなどという試みは、これまでは、文化人類学者か民族学者の仕事でしかなかった。

そもそもの問題は、〝文化〟なる言葉にある。サマセット・モームの書いた『月と六ペンス』の中には、カルチャーを〝カルチョ〟と言って皮肉る貴婦人の話がでてくるが、このカルチャーという言葉（「教養」の意味もある）、広く使われるようになった今日でさえ、いざ定義してみようとすると、その本質は模糊としていて分かりにくい。外国語などと違い、素人が異文化の学習に手を出しかねたのも、文化なる概念が持つ意味の不可解さゆえである。

しかるに近年、異文化理解の関心は、一般の人々の間で急速に高まって来た。科学技術の発達が、異文化間の物理的な距離を、驚くべきスピードで縮小し始めたからである。海外旅行に出かける人々はむろんのこと、海外在住のビジネスマンやその家族、そして留学生や研究者の数も、年ごとに増えている。また世界が狭くなることで、異文化に接する機会は、自国にいても増えて来ている。そればかりではない。情報通信の革新は、事実上、空間と時差を圧殺した。インターネットの世界では、もはや国境は消え距離の概念は完全になくなってしまっている。今日の我々は、情報をめぐって、マーシャル・マクルーハンの言った、〝地球村落〟の住人になりつつあるのである。

だが、物理的な距離が縮まっている一方、人々の心理情緒面での距離は、どれほど縮まって来ているだろうか。文化相互の理解、つまり異文化間における意思疎通のギャップは、どこまで埋められたと言えるだろうか。

実は、異文化間の接触が増えるにしたがい、文化背景の違いということが原因で、同時に問題も増大している。それは、コミュニケーション体系において、異なる文化には、異なるルールがあるからである。このため、ある文化では丁重な行為が、別の文化では無礼と思われることがある。善意で言ったことが、侮辱的な言葉と誤解されることがある。つまり、異文化とコンタクトする際には、自文化では予想もしなかった、落とし穴というものがあるのである。

それゆえ、外国語教育も、異文化の理解なしでは、本当にコミュニケーションに有効とは言えない。なぜなら、どのような状況で、何を、どう話すかは、すべて個々の文化と密接につながっているからであり、もし、相手文化のルールを知らず、自文化のルールで話してしまうと、先に待っているのは、相互理解どころか、誤解や摩擦ということになってしまうからである。

かつて、クライド・クラックホーンは、言語はある意味で哲学であると述べたが、私は次のように言いたい。その言語や哲学を含むコミュニケーションの集大成こそが、実は文化なのであると……。

異なる文化に属する人々は異なる心理世界に住んでいる――。

目次

1

異文化間コミュニケーションの背景

異文化間コミュニケーションという言葉は、intercultural communication（文化相互のコミュニケーション）、あるいはcrosscultural communication（文化を交差するコミュニケーション）の訳語である。

国際コミュニケーション（international communication）が、国家間のコミュニケーションを指すのに対して、異文化間コミュニケーションというのは、あくまでも文化背景を異にした個人の間で生ずるコミュニケーションのことを意味している。

国と文化が同一のものだと考えている人は少なくないようだが、国の地図はあっても、文化の地図などというものはないし、また一つの国の中にも、さまざまな文化は存在しうる。しかも文化というしろものは、国籍などと異なり、人間の認識や思考、あるいは行動のパターンにまで影響を及ぼすような、何か不可思議なものなのである。

異文化間コミュニケーションという言葉がさまざまな人種・民族から成るアメリカという社会で生まれたのも、当然と言えば当然のことかも知れない。ただ、これが学問として、専門家達の間で研究され始めたのは、一九六〇年代に入ってからのことである。それまでのアメリカは、多民族国家であったにもかかわらず、〝白人文化〟一辺倒の国であった。

この六〇年代、アメリカ社会で一体何が起こったのかについては、後で述べるとして、まずは、異文化間コミュニケーションという言葉が、アメリカという、多様な文化を持つ国で生まれたということを認識いただきたい。

だが、七〇年代、この言葉が日本に入って来た時、多少、そのニュアンスに変化が生じた。つまり、日本では、異文化間コミュニケーションは外国人とのコミュニケーションであるととらえられた。それは、日本がアメリカと違い、人種的・民族的・文化的に異質集団の国ではないからである。そのため、日本では、異文化間コミュニケーションというと、外国語を話すことと同一視されていることが多い。そして〝英会話〟さえできれば、外人とのコミュニケーションなどうまくいく、と無邪気に信じている人も少なくないようだが、異文化間コミュニケーション研究の重要性に真っ先に気づいたのは、その英語を母語とする人々の国アメリカだったことを、ここでもう一度思い出していただきたい。

一言でいうなら、文化とコミュニケーションの関わりを探るのが、異文化間コミュニケーションのテーマである。簡単に聞こえるかも知れないが、文化にしてもコミュニケーションにしても、その意味は漠として広く、かつ奥が深い。裏をかえすなら、それは、文化を創り上げ、その文化をコミュニケーションによって伝えて来た人間そのものが、複雑きわまりない存在だからである。

人間は何千年もの昔、物理の法則を見つけ出すことで、大都市やピラミッドなどの文明を造り上げた。物理学、数学、天文学、工学などを創り出すと、次は世界と人間との関わりを知ろうとして、二千数百年の昔、哲学をつくり出した。また自然を変えようとして化学を、生活をより豊かにしようとして経済学を、そして自《みずか》らを探究しようとして、文学、人類学、心理学などを、次々とつくり出して来た。

異文化間コミュニケーションは、研究分野として考えた時、こうした学問と比べると、非常に新しい。学問の中では、新参者と考えられている心理学より、まだ若い。学問としては、産声を上げたばかりなのである。

とは言っても、異文化間コミュニケーションそのものは、何も今に始まったことではない。それは、大昔からあった。実のところ、異文化間コミュニケーションの歴史は、人間の歴史そのものであったとさえ言えるのである。

インド西北方インダス河流域のモヘンジョ・ダローやロータルの古代遺跡は、前二三五〇年頃から前一八〇〇年頃の間、インダス文明が、西南アジアとの間で、文化交流を密にしていたことを示している。ロータルは海洋交易の拠点で、ここを出港した船は、アラビア海を航行し、さらにペルシャ湾にまで達していた。チグリス、ユーフラテス河流域のメソポタミアには、かつて、古代世界をつなぐ商業路が通っていた（メソポタミアの粘土板文書には、メルッハ〔インダス文明〕の商人が、今日のバハレーン島やシュメールを訪れ、交易をしていたことが記されている）。そして西南アジアの古代文明は、西国の文明にも、大きな影響を及ぼしていた。古代エジプトは、広大な砂漠で外敵の侵入を防ぎ、経済の自給をほぼ可能としたが、地中海を渡る船を造るためには、異国の木材を必要とした。やがてその文明は古代ギリシャに伝わり、西洋文明の一つの源流となったのである。また、ぞくぞく発見される遺跡の調査から、旧約聖書に出てくる話のあるものは、実は異民族の神話の焼きなおしであったことがわかって来ている。

つまり、もし異文化間コミュニケーションがなかったら、エーゲ文明やヘレニズム文化は生まれなかったであろうし、またキリスト教も広まらなかった筈なのである。アッカード王国、バビロニア王国、アッシリア王国などの歴史も、文化交流と民族移動の歴史であった。第一、メソポタミア人と古代エジプト人との間に交流がなければ、偉大なオリエント文明は誕生していなかったであろう。

我が国においても、西暦紀元前から、大陸文化との接触を通して、農業や金属器を基礎とした弥生文化が起こった。当時、〝倭〟と呼ばれていた日本（もっとも〝日本〟なる国名は七世紀からのものであり、当時の〃倭〃が必ずしも日本列島を指していたとは即断しがたい〕が、文字によって初めて登場するのは、後漢の班固《はんこ》が建初年間（七六〜八三年）に著わした『漢書』地理志においてであるが〔中国に現存する最古の地理書『山海経《さんがいきょう》』や、班固と同時代の王充《おうじゅ》が書いた『論衡《ろんこう》』にも〃倭〃や〃倭人〃の記述は見られるが、前書は荒唐無稽な伝説が多く、後書の記事は伝聞によるものであるから、両書ともそのまま信を置くことはできない〕、そこには、「楽浪《らくろう》（ピョンヤン）海中に倭人《わじん》あり、分《わか》たれて百余国となり、歳時《さいじ》を以《もっ》て来りて献見すと云う」

と記載されている。

つまり弥生中期の古代日本人は、今日の朝鮮半島との間で、すでに定期的な接触を行なっていたわけであるが、その後、卑弥呼の時代になると、交流の範囲も、さらに広がって行ったようである。晋の陳寿《ちんじゅ》のえらんだ『三国志』の『魏書』の東夷伝・倭人条、通称『魏志』倭人伝は、原本こそ残っていないが、現存する「紹熙本《しょうき》」や「紹興本《しょうこう》」等の倭人伝には、約二千字にわたって、日本の歴史や風俗のことがこまごまとつづられている。そしてその中には、邪馬壹国〔倭人伝の中で女王の都する国名が記されているのは一箇所だけだが、どの『魏志』倭人伝にも邪馬臺（台）国なる国名は一切見られない〕がしばしば使節を中国に送ったとある。

　そもそも、日本列島の歴史を遡れば、この地に稲作と金属を伝えた人々は、大陸からの渡来人だったと考えられる。縄文末期の日本列島には、南方系の特徴を持った人々（縄文人）が、およそ十万人から二十万人くらい住んでいたと推測されるが、紀元前三世紀頃から、この数をはるかにしのぐ数の渡来人が、〝春秋戦国〟の動乱を逃れてぞくぞくと入って来たようである。彼らが北東アジア人だったことは、コンピュータによる人骨データの多変量解析の結果から、また、〝先住民〟が東南アジア系だったということは、遺伝学の技術（DNA配列の調査）によって確かめられている。さらに、大陸と日本列島各地の遺跡からは、共通の特徴を持つ石斧、釣針、銛《もり》、土器等が発見されているのである。

　また、三内丸山遺跡等の発見によって、縄文人が、我々の想像していた以上の技術を持っていたことがわかってきており、縄文文化そのものの定義も、再検討を迫られているようだが、実のところ、縄文人のなかには、海洋民族がいたとしか考えられないような発見物が出てきている。すなわち、南太平洋のフィジーやパプアニューギニアから、縄文早期土器の影響と見られる古土器が発見されたほか、バヌアツ共和国からは、何と、五千年前の、日本縄文土器片が出土しているのである。これは少なくとも、当時すでに、異文化間の接触があったことを意味している。

このように、異文化との交流は、近代になって突如起こった現象などではなく、あくまでも、古い歴史を持ったものなのである。むしろ、人間の歴史は、異なる文化背景を持つ異民族間によるコミュニケーションの歴史、と言った方がより正確であるとさえ言える。

とはいえ、異文化コミュニケーションの重要性が、今日ほど強調されるようになった時代は、これまでにあるまい。それは、科学技術の発達が、時間と空間を圧殺し、世界を縮小したことで、異文化に住む人々のつながりを、急速に強め始めたからである。

大型ジェット機の出現により、かつての民族大移動のときよりも、はるかに大勢の人々が、いともたやすく、しかも頻繁に、異文化への出入りを行なっている。しかも彼らは、文化人類学者とか、外交官のように、特別な職業の人間ではない。彼らは旅行者であり、ビジネスマンであり、労働者であり、留学生なのである。

これに加えて、通信技術の急速な発達による、情報ネットワーク化時代の到来がある。新たな情報体系は、地域や民族の境界線を越え、距離の差というものを消滅させてしまった。インターネットに接続すれば、手元のパソコンを使って、世界各地の情報を入手することができるだけでなく、逆に、こちらから世界中にメッセージを発信することもできるようになった。必然的に、異文化に住む人々が相互に交換する情報量は、飛躍的に増大している。

今日、世界のどこかで何かが起これば、それはアッという間のスピードで、世界の各地に伝わる。ファッションや流行もそうである。つまり、高度情報化の時代というのは、地球上の人々が、情報をほとんど同時に共有する時代なのである。情報とはそもそも、人間に伝達されてこそ価値がある。コミュニケーション手段の拡大が、異文化同士の接近を、ますます密なものにして来ているのである。

さらに、エネルギー、人口、環境破壊、あるいはエイズといったような問題は、もはや国単位で対処できるようなものではない。問題の解決には、国家という次元をのり越えた協調と対話が必要なのであり、この意味においても、グローバルな情報の交換が不可欠になっているのである。

このように、今日の世界は、脱国家的な相互依存の方向へと向かっているわけだが、とりわけ経済の分野では、企業の海外進出や、多国籍化が急速に進んでおり、異文化の理解は急務となって来ている。

このため、アメリカなどでは、大学以外でも、いわゆるビジネスとして、異文化コミュニケーションのトレーニングや研修を行なう機関がかなり出て来ている。ところが、我が国はどうかといえば、異文化理解の重要性に対する認識は、驚くべきほど低く、国際コミュニケーションは〝英語〟の問題だ、などとしか考えていない人が少なくない。

しかし、前にも述べたが、異文化間コミュニケーション理解の重要性に最初に気づいたのは、その英語を母語とする、アメリカ人だったのである。

もともとアメリカは、人種的・民族的構成の見地からみて、異質集団の国であった。だが、この国では、独立宣言が発せられて以来長きにわたり、民族紛争などという問題は起こらなかった。白人文化が、すべてを支配していたからである。しかし実際は、その陰に隠れて白人以外の人々は、アイデンティティを主張するどころか、はっきり物を言うことすらできなかった。多民族国家でありながら、異質グループを理解するなどということは、まったく不要とされた。そもそも、黒人、インディアン、プエルト・リコ人、メキシコ系アメリカ人、東洋系アメリカ人は、アメリカ国民でありながら、アメリカ社会の正式なメンバーなどではなかった。人々はアメリカ社会を人種の坩堝《るつぼ》と呼んだが、この国はモザイク状ではあっても、決して坩堝ではなかったのである。

しかし、ニューディールによって、〝豊かな社会〟が形成されると、マイノリティの中からも、高い教育を受ける者が出て来るようになった。そして、五〇年代に入ると、彼らの間から、アンクル・トムの時代はもう終わりだという、人種差別撤廃を叫ぶ声があがり、その抗議はアメリカ全土へ広がった。ところが黒人の公民権運動が始まると、各地で人種暴動が起き、六〇年代に入ってからは、民族解放闘争へと発展した。

一九六一年、ケネディ大統領は、最初の年頭教書で次のように述べた。

「我が国のように組織され統治された国家が、今後も持ちこたえられるかどうかを、私の任期が終わるまでに、新しくテストしてみなければならないだろう。ただ結果は決して確実ではない」。

しかしその任期を終える前に、ケネディは凶弾に倒れた。そしてその後も、アフロ・アメリカン統一機構を結成したマルコムX、南部キリスト教指導者会議のキング牧師、さらにロバート・ケネディらの指導者が、つぎつぎと銃弾に倒れた。六〇年代における人種紛争の恐怖と敵意は、アメリカを極度に緊張した社会へと変えていき、それまで最も幸福な国と信じて疑わなかったアメリカ人達の間に、絶望感が蔓延し始めていた。そして社会の崩壊をくい止め、倫理と秩序を回復するため、この国は、大きな変化を迫られることとなった。それは、一言でいうなら、異質集団というものの存在を、むしろ積極的に認めて行こうというものであった。

六〇年代のアメリカは、また、ビート革命やドラッグ革命に代表されるように、若者が、体制やこれまでの社会価値に変革を迫り、新しい文化やライフ・スタイルを求めるという時代でもあったわけで、このような動きが、異質なものを評価するという考え方に拍車をかけたのも、確かなことである。

こうした国内の事情に加え、対外的にも、アメリカはこの時代、異文化理解の必要性に迫られることになっていた。それはこの国が、もはや、腕力によって、常に外交のイニシアチブを取り続けることが出来なくなっていたからである。アメリカは、人種差別の問題で、世界に不名誉な印象を与えていたばかりでなく、国外には東西間の緊張、軍縮問題、ベトナム戦争、南北問題、対外援助などの問題をかかえ、国家的自信喪失の危機に直面していた。

アフリカでは次々と独立国が誕生し、中南米では共産主義が拡大し始め、アジアでは右派と左派による内戦が起こり、そして同盟国を含む世界の各地で、反米デモが起こっていた。これまでの、〝アメリカにとって良いことはどこの国にとっても良いことだ〟なる一方的な考え方は、もはや通用しなくなっていた。それは、この国が、第二次大戦後の世界で、強大な軍事力と経済力をバックに、異なる人々の理解を怠り、力による秩序を他国に押しつけようとした結果であった。

六〇年代のアメリカは、こうして国際政治の舞台で、他国からの非難を浴び、絶対的かつ相対的に力を弱めていたわけだが、また国際経済の舞台でも、自国中心の考えをごり押しすることは出来なくなっていた。それはアメリカの巨大資本が、この時期、多国籍企業の時代に入り始めていたからである。異なる文化には異なるルールがあり、それを無視すれば、ビジネスも成り立たない。異国の生活様式や生活意識を理解できなければ、市場の開発もおぼつかない。アメリカはここにいたって、ようやく、異文化理解に強い関心を持ち始めたのである。

無論、学問的には、それまでにも、個別文化の構造をとらえる試みはなされていた。特に第二次大戦中のアメリカが、文化人類学者らを動員し、敵国文化の研究に当たらせていたことは有名であり、ベネディクトの『菊と刀』などは、日本人の国民性に関する研究の代表的な例である。

ただし、それらは、あくまでも、対象とする異文化の研究であり、異文化に住む人々とのコミュニケーションを目的とする研究ではなかった。戦時下での研究であれば、無論それは仕方ないことであったわけだが、六〇年代に始まった異文化間コミュニケーションの研究が、それまでの文化人類学者の研究と大きく違っていたのは、まさに、相互理解と交流を目的としていたという点においてである。

そもそも文化人類学の仕事は、ある民族の歴史、風土、習慣、考え方、宗教などについて、丹念に調べ、記録し、民族誌をまとめることにある。しかも文化人類学者は、伝統的に、いわゆる未開社会の研究を重視して来た。タンザニアの奥地、フエゴ諸島、カラハリ砂漠に住む人々……。しかし、その背景に、白人優越の独断や偏見がなかったとは言えない。それは文化人類学者が、いわゆる〃観察者〃として、フィールドワーク（野外調査）においても、異文化に住む人々を調査対象にしか見なかったからである。もちろん、個人的な面でいえば、フィールドワークで、ラポア（親密な関係）は欠かせないであろうが、文化間の関わりということでいうなら、文化人類学者はあまりに無関心でありすぎた。

言語学も、言語を記号体系としてモデル化し、さまざまなレベルで法則を分析したりすることに視点を置くあまり、言語と文化の関係、認識過程における言語の役割、ひいては、文化を異にする人間同士のコミュニケーションにおいて、言葉がいかなる結果をもたらすのかということについては、ほとんど興味を示して来なかった。国際化時代と叫ばれる中、言語学が、コミュニケーション能力を育てるための語学教育に大して寄与しえなかったのも、当然のことと言えば当然のことである。だいたい言語学は国際理解とは、無縁の世界に存在しているのである。

また、国際政治や国際関係論も、国家間の関係に焦点を置くあまり、文化や個人間のコミュニケーションという、人間の次元にまでおりて来ることはなかった。このため、異文化間の関わりは、研究のテーマになりえなかったのである。

しかし、世界が狭くなることで、異なる文化同士の接触が増大するにつれ、大勢の人々が、互いに違った行動様式や価値観を持つ相手を、どうしても理解しなければならなくなって来た。異文化間コミュニケーションが、独立した研究テーマとなったのは、実のところ、そのような時代の要請があったからである。

それゆえ、この分野でなされるさまざまな研究は、学問としてばかりでなく、本来は、一般の人々にとっても、大いに実用的価値がある筈のものなのである。なぜなら、人は、自分で気づかぬうちに、文化による規定を背負って行動しているため、文化の本質を理解することが出来るようになれば、異なる文化背景を持つ人々とのコミュニケーションは、より円滑なものになるからである。

ところが、ツーリストやビジネスマンの中には、〝文化の違いなんぞ〟と、タカをくっている人達が決して少なくない。そして、そのような人達に限って、語学さえできれば、あとは常識ですべてうまくいくと、単純に思い込んでいるものである。

しかし、〝常識〟というものは、そもそも、普遍的なものなどではない。それは、文化によって異なるものなのである。そのため、ある文化では常識的な行為が、他の文化では、きわめて非常識な行為となることも、大いにありえるわけである。さらに、語学さえできればと言っても、言語というものは、もともと、文化を背負ったものであるだけに、〝何〟をいかに表現するかということは、文化によって異なっている。それゆえ、発音や文法がいかに正確であったとしても、その文化の言語ルールをおかしてしまえば、意思の疎通どころか、相手を不快な気持ちにさせるのがおちである。

このため、文化背景が異なるということは、実のところ、コミュニケーションに複雑な問題を提起することになる。なぜなら、文化の違いとは、異なった認識の仕方や価値観を意味しているため、異文化間コミュニケーションの際、人々が、互いの行動から、相手をとんでもなく誤解してしまうことは、大いにありえるからである。異文化間コミュニケーションというのは、例えば関東の人間が、関西の人間と対話した際、何か誤解が生じた、というような次元のものではない。異文化間コミュニケーションとは何であるかを理解していくためには、まず、この分野が、どのような領域を含んでいるのかについて、十分に知る必要がある。

2　異文化間コミュニケーションの領域

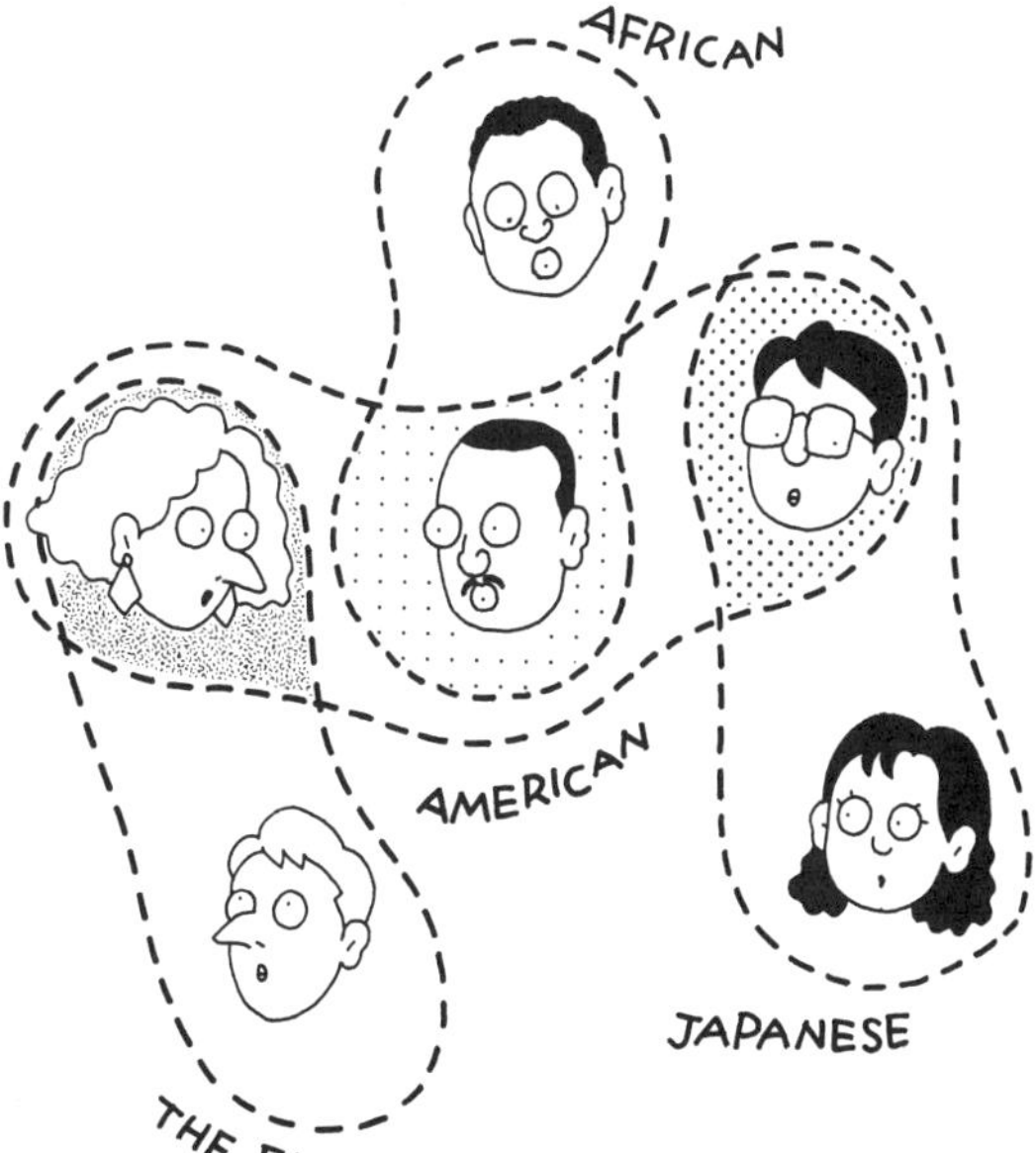

異文化間コミュニケーションとは、一言でいうなら、文化背景を異にした人々の間で起こる、相互作用のことである。ただ、文化と人の行動は複雑に絡み合っているため、これは、あくまでも、総括的な定義にすぎない。

例えば、日本人が日系アメリカ人と会った時、そこには、当然のことながら、異文化間コミュニケーションが成立する。なぜなら、両者は、人種的に同一とはいえ、異質の文化に生まれ育ったため、異なった価値観と、異なった行動様式を持っているからである。

では、その日系アメリカ人が白人系のアメリカ人と接する時、そこには、一体いかなるコミュニケーションが生まれるのであろうか。普通に考えると、そのコミュニケーションは、何か特別なものではないように思える。それは、容貌が違うとはいえ、やはり両者は、米語を母語とする〝アメリカ人〟だからである。

ところが、実際はどうかといえば、民族的な背景の差異もまた、コミュニケーションには、大きな影響を及ぼすものである。なぜなら、ある文化における民族的異質集団は、その文化に、完全な形で溶け込むことがないからである。そして、例えばアメリカでは、日系、中国系、韓国系、フィリピン系、メキシコ系などのアメリカ人や、あるいはインディアンは、それぞれ、個有のコミュニティを持っており、おのおの、独自の文化を、アメリカ文化の中で発展させているのである。

たとえば、日系アメリカ人を例にとってみると、彼らの多くは、アメリカで生まれ育っていながら、リトル・トーキョーやジャパン・タウンなどを発展させ、ジャパニーズ・コミュニティの中で、さまざまな、日系人の活動を維持している。それは、まぎれもなく、古い日本の村落的共同体であるわけであり、その中で営まれている生活にもまた、日本文化が色濃く残っている。

米を常食し、庭に石灯籠を置き、室内を日本の装飾品で満たし、盆踊りや餅つき大会を楽しむ彼らは、何か、祖先の文化を、懐古しているようにさえ見える。また、日本語は話せなくとも、例えば〝恩〟とか〝義理〟といった、いわゆる、日本語における独特な概念を知っている人々は、決して少なくないのである。

こうして日系人は、アメリカ人とはいえ、大多数を占める白人系アメリカ人とは異なった文化を持って生活している。私の知る日系アメリカ人の中には、白人のアメリカ人といる時より、日本人といる時の方が落ち着くと言う者が何人もいるが、それは、人種的なもの以外、たぶん、価値観の違いがあるからに相違ない。また、アメリカで知り合った日系三世の人達が、時々、白人のアメリカ人から、「英語がうまいね」と言われると苦笑いしながら話してくれたことがあるが、それは、おそらく、彼らの仕草や顔の表情の中に、日本人的なものが見られるからなのだろう。

つまり、少数の民族集団は、ある文化に属することで、その文化の価値と信条の多くを取り入れはするものの、その祖先の文化もまた、集団特有の価値として、かなり保持していくものなのである。

このため、日系アメリカ人が、白人系アメリカ人と接する時は、日本人と接する時と同様、ある種の、異文化間コミュニケーションが生まれるわけである。ただ、この場合、両者が同じ国に所属しているため、それは、異民族間（インター・エスニック）コミュニケーションと呼ばれる。

この異民族間コミュニケーションは、多くの民族的異質集団をかかえている国ばかりでなく、一般には、単一民族の国と考えられている日本社会でも、十分に起こりえる。なぜなら、我が国にも、比率的にはわずかだが、アイヌ人、朝鮮系、中国系の人といった、少数民族の集団が存在しているからである。

ただ、例えばアメリカのような国と比較した場合、日本は、異人種によって構成されている社会ではない。このため、人種の違いが、大きな社会問題になることはあまりない。

人種というのは、あくまでも、遺伝子による生物学的なもので、それは、身体的な特徴によって示される(黒人、白人、黄色人というように)。そして、人種の集団は、国家的、地理的、言語的、文化的集団と、必ずしも一致するものではない。たとえば、日本人と中国人は、異民族であるが同じ種族に属しているのに対して、アングロ・サクソン系のアメリカ人と日系アメリカ人は、同じ国に属していながら、異民族であると同時に、異人種であるという具合である。

このため、日系アメリカ人が白人系アメリカ人と接する時には、同じアメリカ人同士でありながら、そこには、異民族間コミュニケーションと同時に、異人種間(インター・レイシャル)コミュニケーションが起こっている。一方、日本人が日系アメリカ人とコンタクトする場合には、異文化間コミュニケーションは起こるものの、そこに、異民族間コミュニケーションや異人種間コミュニケーションが生じることはない。

異人種間コミュニケーションは、あくまでも、異なった種族に属する人々のコミュニケーションであるため、それは、必ずしも、異文化間コミュニケーションと呼べるものではない。なぜなら、文化と人種は、同じ次元で語られるべきものではないからである。

もっとも、遺伝による形態学上の差異が、コミュニケーションに、何らかの影響を及ぼすことは確かである。そして、異人種間コミュニケーションで問題となるのは、常に、人種差別に基づく態度なのである。

心理学的にいえば、人間は、同種のものを好み、異質のものを嫌う傾向がある（心理学的と書いたが、この傾向は、実は生物学的な原因によるものである）。このため、異人種間コミュニケーションにおいて、何かことが起きる場合、それは、人種の違いに起因することが少なくない。

近年、米国政府・議会関係者の間で、ときどきジャパン・バッシングが行なわれるようになっているが、国内の不満が高まると、ある特定の国をスケープゴートにしようとするのも、実は、人種的な偏見から来ていると考えられる。

無論、国際（インター・ナショナル）コミュニケーションは、本来、人種や文化のレベルというよりも、むしろ、国家間のレベルにおける相互作用のことである。このため、たとえば政治的な問題を人種問題で説明しようとしても、決して、建設的な理解につながる筈はない。しかし、世界各地の紛争を見れば、その背後に民族や人種の対立があるのは、否定できない事実なのである。

また、国際コミュニケーションは、国家間の外交政策に関するものだけに、異文化コミュニケーションとは異なった概念でとらえている人達がいる。しかし、政治家であろうと外交官であろうと、自文化を背負った人間なのである。このため、それが貿易や防衛に関する話し合いの場であろうと、互いが異なった文化背景を持つ人々である以上、そこには国際コミュニケーションと同時に、異文化間コミュニケーションが生じている。そして、例えば、「その問題は前向きに検討してみましょう」などと受諾の困難さを曖昧に表現することで相手の顔を立てようとする日本側に対して、相手側は、具体的な目標達成案も出さないのはどうしたことかと、強い不信感を抱くことになるかも知れない。

異文化間コミュニケーションは、このように、国籍の違う人々・異民族・異人種・異文化間で起こるコミュニケーションであるが、関心の中心は、あくまでも、文化と行動様式の関わりにある。それは、文化を形成している無数の要素が、コミュニケーションの型を創り上げているからである。

とはいえ、ほとんどの人は、自分の行動が自分の文化によってコントロールされていることに気づいてはいない。まして、文化背景を異にする人々の行動を意識する時には、往々にして、その底にある文化そのものよりも、表面的な行為の違いだけしか眼にはいらないものである。そして、その違いを、単純化し、一般化し、絶対化し、極端な形で強調するようになっていくわけなのだが、それが、実のところ、異文化間コミュニケーションをやっかいなものにしていくのである。

3 文化とコミュニケーション

異文化間コミュニケーションを理解するうえでの難しさは、この分野の広さと多面性にある。なぜなら、〝文化〟と〝コミュニケーション〟という概念は、必然的に、文化人類学、民族学、社会学、心理学、教育学、言語学、情報学、哲学、歴史学、文学などと関係してくるからである。事実、この学問の領域は驚くほど学際的な性格を持っており、しかも、それがまた、異文化間コミュニケーション研究の顕著な特徴でもあるわけなのである。

かつて、『沈黙のことば』や『かくれた次元』により、異文化間理解についての認識把握の高まりのうえに大きな一石を投じた人類学者のホールは、文化そのものがコミュニケーションの一体系であると述べたことがあるが、実際に、人間の対人行動というものは、文化的背景と体験によって内在化された認識と行動のシステムによって、多大の影響を受けるものなのである。このため、異文化間コミュニケーションの理解は、まず、文化とコミュニケーションとの関係について知ることから始めなければならない。

あらゆる生物が、コミュニケーションの仕方を、自分のいる環境の中から学ぶように、われわれ人間もまた、無意識のうちに、コミュニケーションの仕方を、自分の文化から学んでいる。つまり、人間の認知作用と行動様式は、そのほとんどが、文化の産物といっても過言ではない。

このため、我々の話し方、話す話題、何に注目し何を無視するか、何についてどう考えるか、また、どのようなことにどういう意味づけをするかなどは、すべて、文化の強い制約を受けているものなのである。

ところが、また一方では、コミュニケーションの仕方そのものが、文化それ自体を形成し、定義づけ、そして存続させている。つまり、コミュニケーションと文化は、互いに、影響を及ぼしあっている関係にあると言える。とはいえ、物の見方は、文化にかかわらず普遍的な筈だと無邪気に信じ込んでいる人は、異なったコミュニケーション行動が、異なった文化規範に基づいていることなど、まず気づくことはないのである。

しかしそもそも、〝文化〟とは一体何であろう。この疑問に対する解答が極めて難しいのは、人間の考え方や行動を規制するとはいっても、文化が、〝国〟のように絶対的なものではなく、また遺伝子のように明瞭な組織構造を持ったものではないからである。しかも文化は、あまりに複雑かつ広範囲な領域を含んでいるため、単純化したり一般化したりすることがなかなか出来ない。

文化人類学者たちは、ある民族集団が共有し、個人がその集団から得る社会的遺産の総体を指して、それを〝文化〟と呼んで来た。そしてホールの言葉を借りて言うなら、文化の定義を、ホールは『文化を超えて』の中で次のような図を示した。

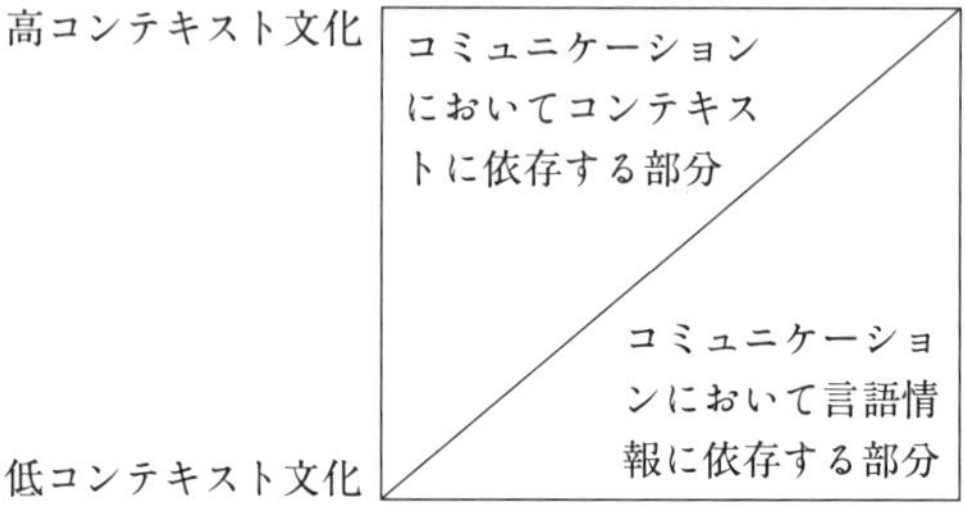

コンテキストとは、コミュニケーションが起こる物理的、社会的、心理的、時間的な環境（その場の雰囲気や状況、言語外の意味、相手とのつながりなど）のすべてであり、この考え方からすれば、高コンテキスト文化の代表は日本であり、低コンテキスト文化の代表は米国であろう。

⇩ 次のように考えられる

高コンテキスト文化(日本)	低コンテキスト文化(米国)
民族的に同質であり、歴史、習慣、言語などからみて、共有しているコンテキストの割合が高いので、集団主義や画一性が発達している。	異人種・異民族によって構成されており、共有しているコンテキストの割合が低いので、個人主義や多様性が発達している。
コミュニケーション・スタイルは、言語においては曖昧で抽象的であり、非言語においては微妙なものが多い。「沈黙は金なり」の発想。	コミュニケーション・スタイルは、言語においては論理的で具体的であり、非言語においては大振りなものが多い。「雄弁は金なり」の発想。

特定の人間集団が身につけた行動の型と物質的なものの全体ということにする点では、大方のところ専門家どうし同意するものの、その実体が何であるのかということになると、意見の一致は見られないのである。

ホールは『沈黙のことば』の中で、そのことにふれて次のように述べている。

調査を行なっていくにつれて、人間の生活を形づくる多くのできごとの中で、ある特定の範疇に属するもののみに魅了され、それを文化の基本的な要素であると思いこんでしまう人類学者も、決して少なくはない。また他の人類学者は、流動する社会の中に安定した点を求めるあまりに、文化のあらゆる側面にみいだすことのできるような共通分子もしくは因子をさがし求めることに、われを忘れてしまう。

人類学の祖といわれるタイラーの古典的な定義によると、文化とは、知識、信仰、道徳、法律、慣習、および人間が社会の成員として獲得した能力や習性などの複合的全体のことである。しかし、文化の概念は、研究者によって、また時代の流れとともに、少しずつ変化していった。人類学者ロウィーにとっての文化とは、過去からの遺産として個人が獲得する社会的伝統の全てであり、それらは、信仰、慣習、芸術的規範、食物慣習、技術などであった。マリノウスキーもまた、文化は道具やその他の物品、様々な社会集団、人間的観念や技術、そして信仰や慣習から成る統合的全体と考えた。

コミュニケーションの研究に携わるサモーバー、ポーター、ジェインらは、文化を、何世紀にもわたる個人や集団の努力によって多くの人々に受け継がれた知識、経験、信念、価値観、態度、意味、階級、宗教、時間の観念、役割分担、空間の使い方、世界観、物質的な財産などの全てを包含したものと定義し、文化は、ある特定社会に住む人々の日常行為や、コミュニケーション形態となる行動様式、および使う言語の中に表われてくると述べた。

リントンは、個人が特定社会の中で獲得し、そこで他の人々と共有していく諸観念や情緒的反応の総和こそ文化であると考えたが、文化というものを、認知のシステムとしてとらえている専門家もいる。その代表的学者の一人であるグッドナイフは、文化は物的現象ではなく、また物、人間、行動、感情などから成立しているわけでもなく、実はそれら一切の事柄に関わる精神的組織であると考えた末、人間が心の中に抱いている事柄に関する形式は無論のこと、それらを知覚し、関係づけ、そして解釈していくためのモデルとなるものが文化であると結論づけたが、その主張によると、文化というものは、事象そのものではなく、事象についての認知的組織ということになる。

異なる文化に属する人々は異なる感覚世界に住んでいると言ったのは、シタラムやコグテル、およびホールらであるが、確かに、知覚や認識というものを、心理構造が物理的・社会的な刺激に反応してイメージを創り上げていくプロセスと考えるなら、異なる文化は、同一の出来事や物体を、人々に違った仕方で認識させるだろう。例えば杓文字《しゃもじ》や徳利《とっくり》を異文化に住む人に見せたら、彼らはそれを、人形や小さな花瓶として〝認識〟するかも知れない。同様に日本人の眼には好ましく映る控え目な態度も、ある文化（例えばアラブ人やイタリア人の文化）では、逆に好ましからぬ態度と見なされるかも知れないし、アメリカなどのような自己主張を重んずる文化では、無能者の行動というふうに解釈されてしまうかも知れない。つまりもろもろのことに対する見方が、文化によって変わる可能性があるのである。

またコンドンによると、日本になじみのない人々に〝お花見〟の写真を見せたところ、〝桜の花〟に注目した人はほとんどいなかったという。彼は著書『異文化間コミュニケーション』の中で、「文化は『現実』に対する個人の見方を文字通り方向づける。もっと簡単にいえば、同じものを見ても見ている人の文化背景が異なれば、見ているものも違うということである」と述べたあと、さらに、「何が写っている写真かを聞くと、まず最初に返ってくる答えは『靴だ！』

である。……『花見』はときに英語で、"cherry blossom viewing party" といわれるが、そう訳されたのを聞いても非日本人にはせいぜい『風変わりな』と思われるのが関の山だろう。……見えるものは『そういうふうに見る』ように学んできた人の背景のなかにも存在するのだ」と書いている。

このように文化は、広大な環境の中から何に注目するかということを選択していくらしい。無論、認識という活動を「事象に意味づけしていくプロセス」と考えた場合、それは文化的選択なのか、それとも個人的選択なのかは、はっきりと断定できない。だが、個人的選択は既に文化という前提があってこそ成立するのだとしたら、両者を分けようとすることが、そもそも意味のないことであろう。そしてこれこそ、文化人類学者のリーチが、環境は自然のものではなく、相互に関連のある知覚対象のまとまりであり、文化的産物である、と語ったことなのである。

文化とは、シンボルによって獲得され伝達される明示的・黙示的な行動の型であり、文化体系は、行動の所産であると同時に次の行動を条件づける要因となるものであると考えたのは、クラックホーンとクローバーである。彼らは、文化というものを、〝あらわな文化〟と〝かくれた文化〟とに分けたが、ここで〝あらわな文化〟とは、衣食住に関する文化や社交・宗教・マナー・会話・レクリエーションなどのように、眼で見ることが出来る明示的な文化であり、また〝かくれた文化〟とは、眼で見ることの出来る習慣的行動や言語行動といったものの背後にある、価値観や思想観念の体系など、黙示的な文化のことである。そして彼らは、このかくれた文化の理解こそが、文化の本質的理解につながると考えた。

古典的名著『人間のための鏡』の中で、クラックホーンは次のように書いている。

文化という言葉は、歴史や文学における「文化《カルチュア》・教養」よりも広い意味を持っている。俗に文化人といえば、外国語を話し、歴史、文学、哲学、芸術などに通じている人を指す。しかし人類学者は、人間であることすなわち文化を身につけていることだ、と考える。ある社会に属する人々の行為を、抽象的な一般概念としての文化を抜きにして、彼らの生物学的特質、個々人の経験、当座の情況などによってのみ説明することは出来ない。個人の営みのどれ一つをとってみても、ほとんどの場合、他人の経験が文化という形をとってそこに関与しているものである。個々の文化はいわば、人間のあらゆる活動のための青写真をなしている。

そして彼は、文化概念の有効性について、次のように述べている。

文化の概念が実践面でも有益であると主張する主たる根拠は、人間の行動を予測する上でそれが非常に役立つことにある。文化の概念を生かせば、あらゆる人々の思考過程は、それぞれ根本的に異なる前提、特に無意識もしくは暗黙の前提から出発していることがわかる。文化の概念を踏まえて物を見れば、それで直ちに合意と調和が生まれるわけではないが、国際理解の増進や国内諸グループ間の軋轢の緩和について、少なくともより合理的な姿勢で取り組む道が開けるであろう。ある文化を知っていれば、その文化を共有している人間の行動をかなりよく予測できるからである。

クラックホーンによるこのような考え方に同意した研究者は、決して少なくない。なかでもホールは、文化について次のような見解を示すことで、文化と行動の関係についてより明確にした。

文化は人間の生活環境そのものである。文化は人間生活のあらゆる面に影響を及ぼし、変えていく。文化は人格であり、様々な表現の仕方であり、考え方であり、行動の様式であり、問題の解決方法であり、政治組織の運営方法なのである。しかし、あまりにも当然のこととして受けとられているため、ほとんど問題にされていない側面が文化にはある。しかし、それが深いところで、知らぬ間にわれわれの行動様式に影響を及ぼしているのである。

このように、文化を研究する人々の考える文化とは、芸術作品などに代表される文化、あるいは儀式に代表される精神文化、また歴史や文学に代表される教養としての文化、などよりもはるかに広い意味を持ったものである。つまり文化とは、〝文化人〟という言葉に代表されるような文化だけではなく、過去から伝統として引き継がれて来た生活様式・思考様式・行動様式の総体そのものにほかならない。それは、換言すると、人間の物理的環境と精神的環境を形づくり、我々の行動や反応の仕方を規定していくものなのである。そしてすべての人間は、無意識のうちに、所与の言語と非言語による行動を媒介として、個人の内部に特定な認知反応やコミュニケーションの仕方を形成していくわけだが、これこそが、社会化、あるいは文化化と呼ばれるプロセスなのである。つまりこの社会（文化）化によって、人は例外なく、自分の所属する集団が共有する物の見方や感じ方などを身につけていく。このため文化が違えば、認識の仕方や考え方も違って来るのである。

ただ、無論のことだが、人の感情や思考過程そのものを、直接、見たり聞いたりすることは出来ない。我々が認知できるのは、相手のとる、言語と非言語による行動だけなのである。つまり、コミュニケーションにおいては、相手がとる行動の中に、意味を見つけ出すことに終始する。逆に言うと、意味が見出せれば、いかなる行動も、メッセージを含んでいることになるのである。

だが、まさにこのために、異文化間コミュニケーションは想像以上に難しい作業である。なぜなら、人間は、あらゆるメッセージを、決して区別なく取り込んでいるのではなく、選択して受理しているのだが、その選択は、文化によって左右されているからである。しかも、異文化間コミュニケーションでは、メッセージの伝達手段ばかりでなく、その解釈の方法までもが、文化によって異なっているという、きわめてやっかいな問題が存在している。つまり、文化背景が異なることによって、メッセージの送り手が意図したもの、あるいは意図していなかったものと、受け手が認知したものとの間に、食い違いが生じて来るのである。

人は発せられたメッセージを、無意識のうちに、自文化のやり方で無視したり、解釈したり、意味づけしたりしていくものである。このため、同一のメッセージも、その意味は、文化によって違って来る。それは文化が、それぞれ、異なった価値観を前提として成立しているからにほかならない。しかもこの価値観は、行動様式の基準となるだけに、文化要因の中では最も強力なものなのだが、それはまた、文化の内面に潜んでいるため、その正体をつかむのは非常に困難である。

しかし、異文化と接する場合、我々はこれを避けて通ることなど出来る筈がない。いや、価値観の違いを知ることこそが、異文化間コミュニケーションを理解するうえで、最も重要な鍵であるとさえ言える。なぜなら、異文化間コミュニケーションを展開する場合、最も深刻な問題が起きるのは、各文化の基本的な価値観が、真っ向から対立するときだからである。

それでは、一体、この価値観とはいかなるものであろうか。

そもそも、価値観とは、良いか悪いかを判定する判断基準となるもので、人間の行動を、ある特定の方向に至らしめるものである。このため、価値観は、文化・社会構造の根幹をなしている。つまり、ある文化に所属する人々にとって、どういう行動が良く、どういう行動が悪いかは、この価値観によって決められている訳であり、一言でいうなら、それは規範といってもよい。

ただ、この価値観も、一つの概念であるため、直接これを認識することは出来ない。それは、あくまでも、人の行動を通してわかりえるものである。それゆえ、ある文化の価値観を知るためには、その文化に属する人々の間でくりかえし使われている、言語・非言語行動のパターンを見つけていくしかない。人間の行動パターンは、コミュニケーションを通して形成されて行くものであり、コミュニケーションは、言語メッセージと非言語メッセージにのみ依存しているからである。

4

非言語コミュニケーション

多くの人々は、人が、コミュニケーションを行なうというふうに考えている。だが、人がコミュニケーションを行なうわけではない。もしそうだとしたら、人間は、一人でもコミュニケーションを行なえる筈である。しかし、相手がいなければ、コミュニケーションなど成立するわけがない（自己概念、つまり個人が自分をどう思っているかを扱う個人内コミュニケーションというのもあるが、二人以上の人間が関わることをコミュニケーションの定義とすれば、これは正確にはコミュニケーションと言えない）。

それでは、コミュニケーションとは一体何なのかというと、それは、二人以上の人間が、互いの行動に対して、意味を見出しながら反応して行くプロセスであると言える。別の言い方をするなら、意味が見出せれば、いかなる行動もメッセージとなり、コミュニケーションのプロセスは進行していくのである。

トリアンデスが『アトリビューション理論』の中で、「個人間コミュニケーションにおいては、相手が口に出して言ったこと、行なったこと、またしなかったことよりも、それらの行為に対して、こちらが与えていく意味が決定的に重要になっていく」と述べたのは、まさにこのことを意味している。

また、ワツラウィックとビーヴェンによる「もう一人の人間がいるところではすべての行動がコミュニケーションとなる」という言葉は、確かに真実を突いていると言える。なぜなら、二人以上の人間が互いの存在を認識し合うということは、両者が、相互に作用し合うメッセージを、それぞれの行動の中に見出し、先行経験を通じて、解釈し意味を与えていく活動にほかならないからである。

そして、異文化間コミュニケーションにおいては、この先行経験が文化によって異なるからこそ、意味づけもまた違って行くのである。

他者との相互関係において生じた行為がすべてコミュニケーションになるということは、実のところこのプロセスが、人間の意識とはかかわりなく進行しているということをも意味している。サモーバー、ポーター、ジェインらも、『異文化間コミュニケーション入門』の中で次のように述べている。

我々の行動あるいは行動の残余に誰かが意味を見つければ、我々が意識しようとしまいと、意図を持とうと持つまいと、コミュニケーションは成立するわけである。この点について考えてみると、我々は行動しないという方が不可能であることがわかる。そこにいるだけで一つの行動になってしまう訳である。行動がコミュニケーションになる可能性を持っていれば、コミュニケートしないことが不可能になるのである。

私はこれに、そこにいないことも、実は一つの行動になっているという一文を加えたい（約束したのに来なかったり、勤めや授業を無断欠席したり……）。

さらに、近年のコミュニケーション研究、とりわけ文化を異にする人々の間でなされるコミュニケーションの研究においては、メッセージが、必ずしも送り手の意図通りに受け取られるわけではないということにも、強い関心が寄せられるようになって来た。すなわち、メッセージの送り手と受け手の文化背景の違いが、意味の誤差を生じさせるのであり、A文化では〝謙遜〟のメッセージが、B文化では〝無能〟や〝卑屈〟と解釈されたり、逆にB文化では親しみを表わす行為が、A文化では横柄な態度と見られたりするのである。

このように、人は受け取ったメッセージを、自文化のやり方で解釈し意味づけしていくものだが、その文化はまた、人々が共有する意味の範囲をも規定しているため、ある文化では意味のあることも、別の文化では無意味なこととなってしまう。つまり文化は、意味に影響を及ぼすばかりでなく、実はどのようなメッセージを取り込むかという、選択の作業にも強くかかわっているのである。

このようなことを、我々はほとんど意識していない。しかし、意識していようがしていまいが、いかなる行動でも意味づけが行なわれれば、コミュニケーションは成立するのである。しかもこの行動とは、視覚、聴覚、触覚、嗅覚、味覚の五感を通しての、文字通りすべての行動のことである。それは、微笑したり、顔をしかめたり、目を細めたり、相手を凝視したり、大声で笑ったり、腕や脚を組んだり、大振りのジェスチャーをしたり、そりかえって座ったり、相手の肩をたたいたり、香りの強いオーデコロンをつけていたり、派手な服を着ていたり、約束の時間よりだいぶ遅れたり、身体がふれるくらい近づいて話をしようとしたり……などなどのあらゆる行動のことであり、コミュニケーションはこの考えにしたがえば、ほとんどが非言語によるものであると言える。

事実、非言語コミュニケーション研究の大家であるバードウィステルによると、コミュニケーションの六五〜七〇パーセントは非言語によるものであるということだが、やはりこの分野の専門家であるメーラビアンにいたっては、それを九〇パーセント以上と推計している。

非言語コミュニケーションは、きわめて広範囲な領域にまたがっているが、それは、この領域が、人間関係における言葉以外のあらゆる行動を含んでいるからである。ここでは、どのような行動が意図的な手段として使われ、またどのような行動が非意図的なものなのかといったようなことは、もはや意味がないことのように思われる。

社会人類学者のゴフマンも、『日常における自己表現』の中で次のように述べている。

個人の表現（つまり他人に印象を与える能力）には、二つの根本的に異質なものがある。それらは、人が与える表現と放つ表現であり、前者には、言語的記号ないしその代替が含まれており、コミュニケーションにたずさわる者は、その記号に意味があることを知っている。これは、伝統的な狭義の意味でのコミュニケーションであるが、後者は、もっと広義の意味として、伝達者のメッセージを、彼が意識して伝える情報以外のものも含むものとして捉えている。

確かに人間は、無意識のうちに無数のメッセージを放っているのであるが、その解釈は相手次第である。というよりも、放たれたメッセージがとらえられるかということが、実は相手次第なのである。コナン・ドイルの『緋色の研究』に、次のような箇所がある。

「手の甲に青い錨を大きく刺青《いれずみ》しているのが見えた。錨というと海を連想するじゃないか。しかも態度には兵隊くさいところがあって、お定まりの頰ひげというのもはやしている。そうなると海兵隊というわけになる。それから、あの男には、もったいぶって、人に命令するような様子が見えた。あの頭のかしげ方や、ステッキの振りまわし方には君も気づいただろう。あの顔は、おちついた、体面をたもっている中年の男という感じではないか、——こういうことから判断して、ぼくは兵曹とにらんだのだ」

「すばらしい！」私はさけんだ。

「なに、つまらないことさ」ホームズは言ったが、内心では私の賛嘆ぶりを見て喜んでいるのが顔にあらわれていた。

シャーロック・ホームズがその推理の過程を説明する段になると、読者はいつも「なんだ、そういうことだったのか」と思ってしまうが、それはホームズの能力が、決して特異なものなどではなく、我々にもある能力だからである。ここではワトソンも、最後のところでその能力を示している。ただホームズの場合は（本当は作者のドイルなのだが）、その観察力が、職業柄、人一倍研ぎ澄まされていて、どこに目をつけ、何を見るべきかを知っている。そして「シャーロック・ホームズ」は常に読者に、指の爪や服の袖、長靴やズボンの膝頭、肌の色や傷、そして顔の表情や腕の動かし方などのいずれもが、端的に人物を物語っていることを教えてくれるのである。

『緋色の研究』の中で、ホームズは次のように言っている。

「これらのものを総合するならば、事態を闡明《せんめい》することに失敗することはありえない」

ただ、我々は言語行動と同様、非言語行動の解釈の仕方も、それぞれの文化を通じて身につけるため、異文化間コミュニケーションにおいては、誤解が生じかねない。つまり人は、異文化の非言語メッセージに対して、極めて鈍感な場合もあれば、またそれらに対して、異なった意味づけをしてしまうこともあるのである（もしホームズを日本に連れて来たら、どれほど優秀な通訳をつけても、過去の経験が生かせず、途方に暮れてしまったかも知れない）。

それでは、言語以外の伝達手段（意図的・非意図的にかかわらず）には、一体どのようなものがあるのであろう。実際のところ、ノンバーバル（非言語）の領域は、振舞いやジェスチャー以外にも、容貌や体格などの身体的特徴から、衣服や指輪などの装飾品、香水や体臭、声の抑揚や高さ、また部屋の造りや調度品、温度、光、音楽、さらに時間や空間に対する概念などにまで及ぶため、あまりに広く、とてもすべてをひろいきれるものではない。つまり非言語行

非言語コミュニケーションの要素

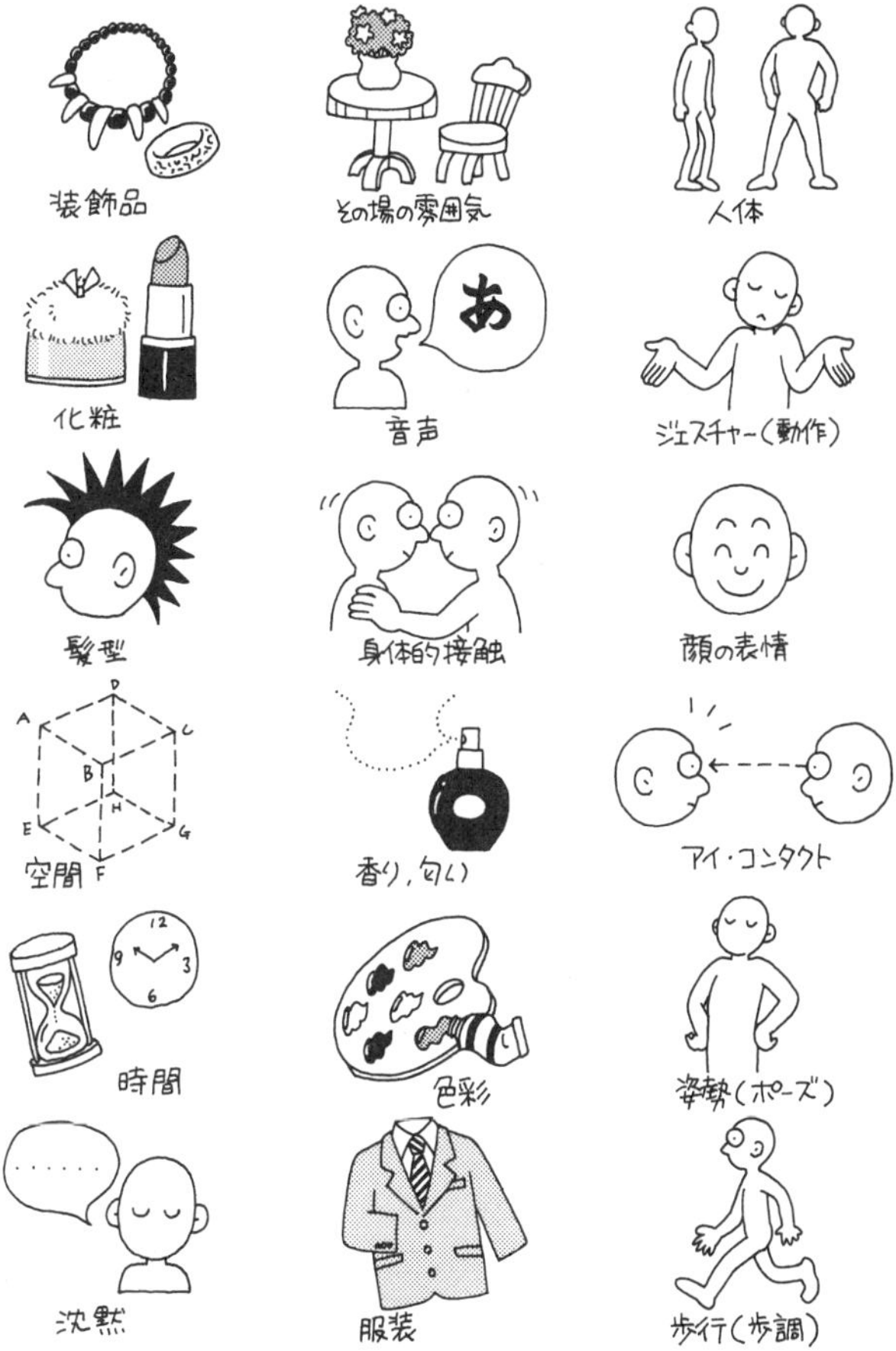

動というものは、本来、人間行動科学として、コミュニケーション学、社会学、心理学、動物行動学、文化人類学、精神医学などによる学際的な立場から検討していくべきものなのである。

なお、「ボディー・ランゲージ」という言葉が、非言語コミュニケーションと同義的に使われることが多いが、ボディー・ランゲージとは、実のところ、キネシックス（身体の動作〔学〕）のことであり、厳密に言えば、非言語コミュニケーションの一構成要素にすぎない。そこで、ここでは、形態と機能を基にして、非言語コミュニケーションを分類してみたい。

いかに広範かつ学際的であるとはいえ、非言語コミュニケーションの分野も、研究領域という観点から見れば、四九頁の表のように分類することは可能である。

そこでこの表を使って、それぞれのメッセージの機能や特徴を、順を追って説明していきたい。

1　対物学

顔立ち、肌や髪の色、ヘアスタイル、髭、体型、身長、体重などの身体的特徴、そして衣服、帽子、口紅、指輪やネックレス、ヘアピース、靴、時計などの身につける品々、さらにその人

非言語コミュニケーション研究の分類

非言語コミュニケーション (nonverbal communication)	非言語非音声メッセージ (nonverbal nonvocal message)	1．対物学 (objectics)
		2．動作学 (kinesics)
		3．接触学 (haptics)
		4．近接学 (proxemics)
		5．時間学 (chronomics)
	非言語音声メッセージ (nonverbal vocal message)	6．音調学 (vocalics)

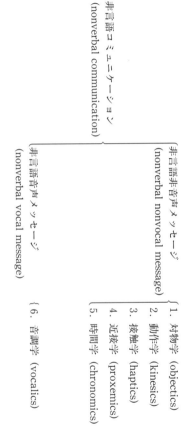

物が所有する部屋（内装や調度品を含む）といったものから構成されている一人の人間の外観は、その人の性別や人種は無論のこと、また年齢、健康度、性的魅力、人柄、知性、職業、能力、社会的地位、経済的状況……といったもろもろのメッセージを他者に伝えている。

外観がいかに重要かは、人が、そのためには時間や金を惜しまないことでもわかる。人はさまざまな方法を使って、自分の外観をよくしようと努める。ダイエットし、整形手術を受け、エステ・サロンやアスレチック・ジムに通い、かつらをつけ、髪を染め、衣服やアクセサリーを取り換える。

なぜ、人はそんなにまでして外観にこだわるのか。それは人が他者を判断する場合、この外観によって左右されることを、だれしも熟知しているからである。エフランによれば、魅力的な女性被告は、裁判で男性陪審員によって無罪になる率が高いという。

外観は人のイメージを創り上げるが、このイメージこそが、実は重要なメッセージなのである。ただ、外観の基準というものは、文化によってかなり異なっている。太った女性が男性にもてるという文化があれば、がっちりとしていることが女性美とされる文化がある。歯並びにことさら気を使う文化があれば、女性が脇毛に無頓着な文化がある。男性はヒゲがなければ同性愛者と思われる文化があれば、女性が丸坊主という文化がある。一般の男女がイレズミを楽しむ文化があれば、それを特殊なものと見る文化がある。

このように外観の基準は、文化によって違ってくるが、その違いの端的な例は、おそらく民族衣装であろう。この独特な服装は、異文化で着用されれば、特別な場合(国際親善のパーティーやイベント)をのぞいて、好奇の眼を向けられてしまうだけである。和服姿の女性がバグダッドの街を歩けば、黒い布で顔を被った女性が京都の街中を行くのと同様、かなり人の注意を引く筈である。それは自文化ではなんでもない外観も、文化が異なれば、奇妙な外観に映るからにほかならない。

人は、いかなる状況ではいかなる外観が適切なのかを、文化を通して学んでいる。結婚式や葬式、あるいは就職面接の際にどのような服装がふさわしいのかも、文化を通して習得している。そして、その文化の原則やルールを破った行為には、違和感を持ってしまうものなのである。このため、異文化間コミュニケーションにおいては、差異というものが両者に微妙な影響を及ぼすことになる。

そもそも、人種的差別や偏見など持っていない人でも、皮膚の色が違う人を相手とする場合は、意識的にしろ、無意識的にせよ、同胞人を相手とするのとは、違った形でコミュニケーションしようとする筈である。

それは視覚から、我々が、異質というメッセージを受け取るからである。

2　動作学

一般にボディー・ランゲージと呼ばれている身体の動きによる情報の伝達がこれに当たり、動作は主として、顔の表情、目の動き、身振り、姿勢などに分けられる。

まず顔の表情は、人間が取る行動の中で、最も相手に情報を提供するといってよいだろう。人間の身体のなかで、顔ほど表現力に富んだ箇所はない。我々はコミュニケーションというプロセスの上で、相手の心理状態やこちらへの態度を、普通、その相手が示す顔の表情から読み取っていることが多い。嬉しそうな顔、怒った顔、悲しげな顔、いらいらした顔、不安げな顔、驚いた顔、退屈した顔、そしてサッと瞬時に変化する顔色などは、正に人間の精神状態を映し出す鏡といってもよい。顔の表情がいかに大切かということについて、オールポートは、「自然は惜しみなく〔顔に〕神経や細かい筋肉を与えた。顔は衣服におおわれていないのでいちばん目につく部分であり、人が世界と真正面に出会うところである」と述べている。

確かに顔は、世界と正面から出会うからこそ、表情が豊かである。逆に死人の顔は、すべてを失っている。三島由紀夫は『金閣寺』の中で、そのことを見事に描写している。

> 父の顔は、初夏の花々に埋もれていた。花々はまだ気味のわるいほど、なまなましく生きていた。花々は井戸の底をのぞき込んでいるようだった。なぜなら、死人の顔は生きている顔の持っていた存在の表面から無限に陥没し、われわれに向けられた面《めん》の縁のようなものだけを残して、二度と引き上げられないほど奥のほうへ落っこちていたのだから。物質というものが、いかにわれわれから遠くに存在し、その存在の仕方が、いかにわれわれから手の届かないものであるかということを、死顔ほど如実に語ってくれるものはなかった。
>
> （傍点は筆者による）

顔の形と性格との間に、何らかの相関関係があるのかどうかはまだ不明であるが、一般に、顔は性格の特徴をも表わしていると考えられている。例えば太った顔の人は陽気であるとか、厚い唇をした女性はセクシーであるとか、また広い額の持ち主は聡明であるとかいうように、我々はしばしば〝顔つき〟から相手を判断してしまうものである。大きな顔、眉毛の濃さ、吊り上がった目、歯並びの悪さ、ほくろなども、相手に何らかの印象を与えずにはおかない。しかも顔は、喜怒哀楽を無意識のうちにも表現することで、相手に何らかの反応を取らせることになるのである。

人間の顔は実に多くの表情を作りうるが、目を細めて相手をじっと見たり、対話中に目を閉じたり、口をすぼめたりといったようなさまざまの行為は、感情に関するメッセージを他者に伝達せずにはおかない。

顔のつくり出す表情の研究で著名なエクマンとフリーセンによると、顔はどのような瞬間においても、複雑な情緒の状態を表示している可能性が高いということであるが、ハガードやアイザックによる〝微瞬時表情〟の発見は、この考えを支持している。つまり顔の表情をスロー・モーションで見た場合、たとえば、口もとは笑った表情を示しているのに、目には悲しみの色が表われているとか、一方の眉は驚きで吊り上がっているのに、他方の眉は怒った状態を示しているといったような現象が発見されることによって、人間の顔が実はいくつかの感情の混ぜ合わせを表現していることがわかってきた。

我々は、喜びと同時に悲しみを、また怒りとともに不安をといった感情の混合をよく体験する。あるいはまた、緊張を隠すために作り笑いをしたりする。それゆえ、顔に様々の状態が表われるということは、実際のところそれほど不思議なことではない。ただ、非常に複雑な顔の表情を、人間がどれほど正確に判定しうるかという問題は、今のところまだ十分に明らかにされてはいない。もっとも、いつ、いかなる状況で、どのような表情を、どの程度まで見せてよいかは、文化と密接につながっているようである。つまり、感情的な表現は、文化を通して身についていくものなので、表現の仕方も、文化によって異なると考えられる。当然、表情につける意味も、文化によって異なる筈である。

たとえば、日本人の表情の乏しさは、外国人から、よく能面に喩《たと》えられる。しかし、能面には、表情というものが全くないのか。そんなことはあるまい。当てられた光の濃淡によって、能面は表情を変えていく。ただしその表情の変化は、あまりに微妙なものであるため、日本以外の文化に住む人々には、ほとんどわからないのである。

文化によって表情が変わるということは、次のような場合にも言えることだろう。それは、日本人以外の人々からしばしば誤解を受ける、ジャパニーズ・スマイルという表情である。確かに日本人は、困惑したりした時などあいまいな笑《え》みをうかべたりする。つまりこれは、テレかくしの笑い、あるいは愛想笑いなのだが、このような笑いは、日本人以外の人々には理解しがたく、日本人があいづちなど打ちながら微笑《ほほえ》んだりすると、相手は自分の考えに賛同していると思い込んでしまうものである。このため日本人の見せる笑いは、時として、不誠実で偽善的な行為に思われることがあるという。

さて、次に目の動きであるが、顔の中でも〝心の窓〟と呼ばれる目ほど真実の情報を伝える箇所は他にあるまい。昔から「目は口ほどにモノをいい」と諺にもいうとおり、目は悲しみや怒り、あるいは愛情などを明確に表わす。また、ずるそうな目、冷たい目、鋭い目、おどおどした目、輝く目、色目などといった表現があるように、目は、その人の性格や態度までも現わすものである。

目は正直でごまかしにくく、口もとでは美しく微笑んでいるファッション・モデルたちも、目だけはコントロールすることが出来ないという。そして正にこのため、人は他者との接触を避けたいと思う時、目の触れ合いを避けるものである。それは、目の触れ合いこそ、相手の心理状態を知ると同時に、こちらの心理状態をも知らせてしまうという、情報交換の基本的な手段だからである。

メーラビアンは、目の触れ合い（これ以後はアイ・コンタクトと呼んでいく）について研究した結果、好意を持つ人との談話中に行なうアイ・コンタクトは、嫌いな人との談話中の場合よりも多いと述べている。また、こちらが相手を見るという行為は、地位の少し高い相手に対して最も多く、非常に高い相手には普通で、非常に低い相手に対しては最も少ないという研究報告もされている。つまりアイ・コンタクトを求めるという行動は、好意からばかりでなく、依頼心や外向性の表われとしても起こるようである。もっともこれが、文化を越えてそうなのか、またそうだったとしても、アイ・コンタクトの回数や時間まで類似しているのかどうかは、今のところわかっていない。

サモーバーは、「すべての文化において、人は基本的に同じ理由でアイ・コンタクトを使ったり凝視したりする。一緒にいる人がどんな人かを見たり、コミュニケーションをしたいということを知らせる手段として、アイ・コンタクトを使う。それは『話をしよう』ということを表わす一方法である」と述べているが、また、文化によって、アイ・コンタクトや凝視の使い方は異なると述べている。

確かに、アイ・コンタクトを一つの社会的機能として考えてみるなら、視線を交わしたり避けたりする行為は、社会や文化によって違って来るかも知れない。

一般的に、日本では、相手の目を直視せずに話すことが多く、特に目上の人に対しては、アイ・コンタクトを避けることが、敬意を示す行為とされている。一方、欧米諸国では、対話の際、相手の目を見ることが、誠実さを表わす行為とされている。またアラブでは、かなり近い距離から、日本人だったらたじろぐほど、相手の目をまっすぐ凝視する。これに対して視線をそらせば、非友好的な態度か、あるいは軽蔑を示すしぐさとして誤解されてしまうかもしれない。

さらにアメリカでは、白人と黒人を比較しただけでも、視線を交えたりそらせたりする行動は、かなり違っているという。また、異性をじっと見つめてもよい文化があるかと思えば、それをタブーとしている文化があり、要するにアイ・コンタクトも、文化によってさまざまであるといえる。

さて、動作学の中でも、身振りによるメッセージの伝達は、最も複雑なものである。それは、この伝達が、身体のあらゆる部分を使って行なわれるからである。まず、この中で、だれでも知っているのはジェスチャーであろう。ただし、文化や社会によって、このジェスチャーほど意味の変わるものはない。

例えば、手を上に向けて親指と人差指をまるめれば、日本では〝お金〟を意味するが、他の文化では、それが〝承諾〟、〝ゼロ〟、あるいは〝卑猥な行為〟といった意味になる。あるいは拳《こぶし》を作って腕を曲げ、それを上に突き上げて、片方の手で押さえると、日本では〝力瘤《こぶ》〟の意味になるが、ある文化では、〝「やるか！」の挑発〟、また別の文化では、〝猥褻《わいせつ》な侮辱〟を意味することもある。日本の男性が両手の人差し指を立てて、手をこめかみに当てれば、「昨夜はうち

腕を肘のところで曲げて、握りこぶしをぐいと上に突き上げると同時に、もう一方の手で押さえるようにするこのジェスチャーは、ある文化では「やるか！」の挑発的ポーズになるが、また別の文化では猥褻なしぐさになったり、あるいは「強いぞ」の意味になったりする。

両手の人差し指を立てて、手をコメカミにあてるしぐさも、文化によっては、「怒っているよ」「牛」「悪魔」「ロバ」「バカ」とさまざまである。

日本やタイ、ビルマ等では「おいで」を意味するこの動作も、文化が異なれば逆の「さようなら」、あるいは「この高さ」などの意味になる。

親指を鼻につけ、残りの指をヒラヒラさせるこのジェスチャーは日本にはないが、ある文化では侮蔑や嘲笑を表わし、また別の文化では悪臭を表わしたりする。

人差し指を曲げたしぐさは、日本では「スリ」や「万引」を意味するが、「死」を意味する文化、「9」を意味する文化、また「いくら？」を意味する文化もある。

親指を下に向けるジェスチャーは、英語圏では"Thumbs down"という成句があって「だめ！」を意味するが、中東では「下へ」、アフリカでは「注ぐ」を意味したりする。

小指を立てるしぐさは、日本だと「女」「彼女」を表わすが、文化によって「友情」「びり」、また「つまらない」などの意味になったりもする。

親指と人差し指で丸を作るジェスチャーも、文化が違えば「お金」「コイン」「OK」「すばらしい」「ゼロ」「穴」「賛成」と、その意味はさまざまである。

の女房がこれでね……」、ということにもなろうが、ほかの文化に行けば、それが〝牛〟や〝ロバ〟、あるいは〝悪魔〟や〝愚か者〟になったりもする。日本人が相手を呼び寄せるためにした手招きを、逆に「あっちへ行け」のしぐさとしてとらえる文化もあれば、また「私のこと？」のジェスチャーに対し、「鼻をどうしたの？」と聞いて来る文化もある。

ジェスチャーはこのように、ある意味において、文化とは一体のものである。ただ意図的な行為であるため、相手に尋ねさえすれば、その意味は立ちどころにわかる。

ところがこれに対して、無意識に取っている行動となると、本人が気づかぬだけに厄介である。そしてこちらの方が、異文化の人々との交流上、好ましくない誤解を生みやすい。

たとえば日本の女性は、対話中、何気なく手を口に当てて笑うことがある。これは、日本では口を隠すことが、〝慎み深い〟〝女性的な作法のひとつ〟と考えられているからかも知れない。しかしこのようなしぐさも、ある文化（特に自己表現を重んずる社会）では、〝幼稚な行為〟としてとらえられたり、ときには、〝人を誹《そし》る笑い〟として不快な印象を持たれることすらある。それは口に手を当てて笑うしぐさが、〝笑いを覆い隠す行為〟として誤解されるからである。

異文化間コミュニケーションにおけるほとんどの問題も、突き詰めれば、実はこの誤解が原因なのかも知れない。

ホールは『文化を超えて』の中で、人間は無意識の行動の違いを、偏見や差別から誤解しやすいと述べているが、さらにまた「人はちょっとしたしぐさに大きく依存しがちであり、その文化が自分の属する文化と違えば違うほど、正しい解釈をすることが難しくなるのである。アメリカ人とイギリス人のように、非常に密接な関係にある国民同士の間でさえ、お互いの身体動作を読みとることは難しい」と語っている。

非言語行動を研究する人達の中には、人間の取るあらゆる動作は、でたらめに行なわれているのではなく、その時に話される言葉と一致していると考えている者もいる。例えばコンドンは、人間が「止めなさい」と言いながらする動作は、「なさい」と言い終わると止まってしまうと述べているが、彼はまた、人間は話をする時には、自分の声のリズムに合わせて動き、人の話を聞いている時には、その相手の声のリズムに合わせて動くと説明している。

今のところ、これが事実なのかどうかは、まだわかっていない。だが、我々は対話中、決して直立不動の姿勢をとっている訳ではなく、確かにたえず身体や腕を動かしながら、相手に対応している。

人間行動学者として著名なアージルは、「社会的相互作用の分野で最も重要な発見は、言語の相互作用がいかに非言語情報伝達の助けを必要とするかということだ」と述べているが、バードウィステルもまた、身体動作の体系的な研究から、非言語の体系は言語の体系に対応していると考えている。そして身体動作と言語のつながりについて、彼は、「私はもはや言語的あるいは動作学的な体系のどちらかひとつを情報伝達体系と呼ぼうとは思わなくなった。このふたつが互いに関係し合い、さらにほかの感覚にもとづく類似の体系とも関係し合って、はじめて情報伝達体系は出来上がるのである」と主張している。

言語行動に伴う動作を〝言語行動の動作標識〟と呼んだバードウィステルは、身体の動きの中にも、言語学における音素や形態素また統語論の単位に相当するような構造体系が存在すると考えているようだが、アージルとトラウアもこの見解を部分的に支持している。そして『対人学』の中で彼らは、「話し手の交替は、ことば（「私は話し終わったから今度は君の番だよ」）ではなく、主に非言語的信号で示されている。話し手は話の終わりにさしかかると、相手に視線をすえ、身振りをやめ、両手を休め、最後の一言二言は声を低くする。話し始めようとしている人は、すばやくうなずいたりしてせかせる。相手に発言させたくなければ、話し終わっても顔を上げず、手をわずかに動かし続ける」と述べている。

こうしたことがどこまで本当なのか、またすべての文化に普遍的に適用できるような、非言語の基本的体系というものがあるのかどうかは、無論、未だわかっていない。しかし、身体動作の中に非言語的コミュニケーションの形式があるとしたら、それは常に、言語によるメッセージの背景になっているのではあるまいか。

例えばわれわれ日本人は、「私なんかとんでもありません」と言いながら、手を横に振ったり、「すいません」と言いながら、頭をかいたり、「よろしくお願いします」と言いながら、頭を下げたりしているが、こうした動作は言葉よりも、日本人以外の人々には分かりづらいらしい。それはつまり、動作が言語の背後で、文化的コンテキストに依存しているからなのではないだろうか。

同じことは、姿勢についてもいえる。姿勢や座るという行為は、文化によって異なる。ほとんどしゃがむことをしない文化があれば、前かがみに座ることを無礼な姿勢と見なす文化がある。目上の者といる時は足を組まぬ方がよい文化があれば、逆に組むことをすすめる文化がある。ある文化ではリラックスした姿勢も、別の文化では尊大な態度に映ってしまうのは、姿勢もまた、礼儀の基準が異なる、文化的コンテキストに依存しているからと考えられる。

3　接触学

人がどれくらい他者と接触するかも、文化によって大きく異なっている。バーンランドの調査によると、アメリカの大学生は、日本の大学生と比べて、接触行為を二倍体験しているという。ただし、アメリカ人といっても、もう少し詳しく見てみると、例えばスペイン系アメリカ人は、イギリス系アメリカ人よりも、身体的接触をより多く行なうらしい。これは、スペインが、イタリアやフランス同様、〝接触文化〟に属しているのに対して、イギリスは〝無接触文化〟と呼ばれる――接触・無接触文化なる言葉は極端な表現なので私個人は好きではないが――北ヨーロッパの文化に属しているからであろう。

一般的に言えば、この北ヨーロッパとアジアの人々が、人前ではあまり触れ合う行為をしないのに対して、南ヨーロッパやラテン・アメリカ、また中東やアフリカに住む人々は、公衆の前でも身体に触れ合うことが多い。なかでもアラブの文化圏では、男性同士がキスをしたり手をつないで歩いたりするようだが、これはスペイン系アメリカ人の目にも、奇妙な行動と映るらしい。アメリカでは男性同士が同じようなことをしたら、まず同性愛者らと見て間違いないだろう。

接触行為にも、手を取ったり、腕を組んだり、肩の上に手を置いたり……といろいろあるが、大きく分ければ、「抱擁」「キス」「握手」の三つが考えられる。

そこでここでは、握手を例に取って、〝違い〟を少し述べてみたい。

日本人の中には、握手をする際、力を抜いて、ダランとした手を相手に握らせる人がいる。これは、相手の手を強く握りしめることが、無礼で、攻撃的な行為に思えるからかも知れない。しかし、このような「無力型握手」は、欧米人からすれば、否定的な握手に思えるらしい。このため、文化が違えば、非友好的な印象すら与えかねない。

また日本人の中には、握手をしながらお辞儀をする人がいるが――もっとも日本人だけではないが――、このような行為を、欧米人は、自信のなさや卑屈さの表われと取るようである。それは、視線を落とす行為が、逃げ腰に映るからだろう。

また、握手が済んだら、サッと手を引き、少し身体を相手から離した方がいいようである。いつまでも手を握りしめていたりすると、相手は身を引く機会を、ひたすら待つことになってしまう。カメラマンや記者団を前にしての、首脳同士の握手ではないのだから、あまり長く握り続けていると、〝熱烈〟すぎて、「今度は二人だけでいかが？」ということになってしまうらしい。

また相手が女性のときは、男性の方から手を差し出すことは控えた方がいい場合もある。アメリカ等では女性は、紹介された時でも、たとえば座っていると、立ち上がらずにそのまま挨拶することがある。つまり〝接触〟がないわけだが、これは別に無礼な態度を取っているというのではない。こういう時は、こちらも目や、うなずきで挨拶すればよい。ただ相手が手を差し伸べて来たら、男性の時よりも軽く、しかも、短く握ってからすぐに手を離すのが礼儀とされている。女性の手を握って振るのは、極力慎むべきである。

4　近接学

人と対話する際、習慣的にどの程度の距離を置くのかも、文化によって異なるものである。例えば日本人は握手の後、すぐに距離を縮めるようだが、このような行為は、ある文化の人々に、個人空間を侵されたという印象を与えかねない。逆に日本人より、さらに接近距離が短い文化の人々は、日本人の取る距離から、事務的なよそよそしさを感じるかも知れない。〝強引〟でも、また〝冷淡〟でもない印象を与えるには、対話の際、相手の保とうとする距離に、こちらが合わせてやることであろう。空間の持つ意味さえわかっていれば、このような行動も、それほどの負担にはなるまい。

近接学は、コミュニケーションにおいて、空間がどのように使われ、またどのように知覚されているのかを研究する学問である。この分野における第一人者のホールは、『沈黙のことば』の中で、空間の重要性について、次のように述べている。

空間の変化は、コミュニケーションにある調子を与え、それを強め、時には言葉を圧倒することさえある。人間が相互に作用する際の間隔の移動と変化は、コミュニケーションの過程の核心をなすものである。はじめて会う二人の人間が話す場合の標準的な距離を調べてみると、空間相互作用のダイナミックスがいかに重要なものかがわかる。もしも甲が近づきすぎると乙はそくざに自動的に反応する。乙はあとずさりするのだ。もしも甲がまた近づきすぎると、乙はまた後にさがる。しかも両者とも起こっていることに気づかない。

空間の研究において最も基本的となるものは、以前から動物行動学の研究対象であった「なわばり性」（テリトリアリティ）の概念である。なわばりとは本来、動物が所有し、侵入して来そうな外部者を威嚇して守る領域のことである。サーカスの猛獣使いはこの動物のなわばり性を熟知しており、たとえばライオンを相手にしたショーを行なう時、どこが危険ゾーンであり、どれほどの距離を保っていればライオンがとびかかって来ないかを、よく心得ている。

人間も動物である以上、他者に踏み込まれたくない空間を持っており、そしてこのなわばり性が、人間の行動をも規制している。

自分のなわばりに侵入されることによって、我々は心理的な動揺をしばしば体験している。学校や職場で自分の席が他人に占領された時、混んでもいない電車の中で他人に近づかれた時、図書館などで新聞やコートを置いて作った境界が無視された時……我々は不安や怒りを感じるものである。

無論、個人が他者との間に必要とする空間の距離は、その場の状況や、また相手との間柄によっても変化していく。ホールは空間を、家や部屋のように動かぬ境界でつくられた固定空間、机や椅子などの配置によってつくられる半固定空間、そして状況によって伸縮する略式空間とにわけたが、さらに彼は、この略式空間を、密接距離、個体距離、社会距離、公衆距離の四つに分類した。

密接距離は、いわゆる親密な相手との間にだけ許された空間であり、相手の体温や息を感じることができ、身体的接触が十分に出来る距離で、それは身体が接触するところから約四五センチまでである。このため親密距離ゾーンに入り込めるのは、配偶者や恋人くらいである。

次の個体距離は、相手に触れることの出来る友人間での距離であり、これは約四五センチから一二〇センチまでである。個人的な用件がなされる場合に、この空間は用いられる。

社会距離は、約一二〇センチから三六〇センチの距離で、業務上での話し合いや、上司が部下に何かを命じる時に使われている。ホールは、アメリカの社会では、この距離が権威を示すのに効果的であると述べている。

最後の公衆距離は、約三六〇センチから見聴き出来うる限りの距離であるが、これは政治家や俳優が、大衆に向かって、演壇や舞台の上から利用する空間のことであり、これをうまく使うと、聴衆や観客に、鮮烈な印象を残すのに効果的である。

もっともホールは、近接学的行動は文化的に条件づけられたものであるため、そのパターンは文化によって違って来ると考えている。もし文化の中に空間に対する固有の欲求や基準があったとしたら、この四種類の距離も、文化によって異なって来るのは当然であろう。

しかし、ある文化では親密距離のゾーンが、別の文化では個体距離か社会距離の空間だったとしたら、配偶者や恋人でもない人間が、平気でそのゾーンにどかどかと入り込んで来ること

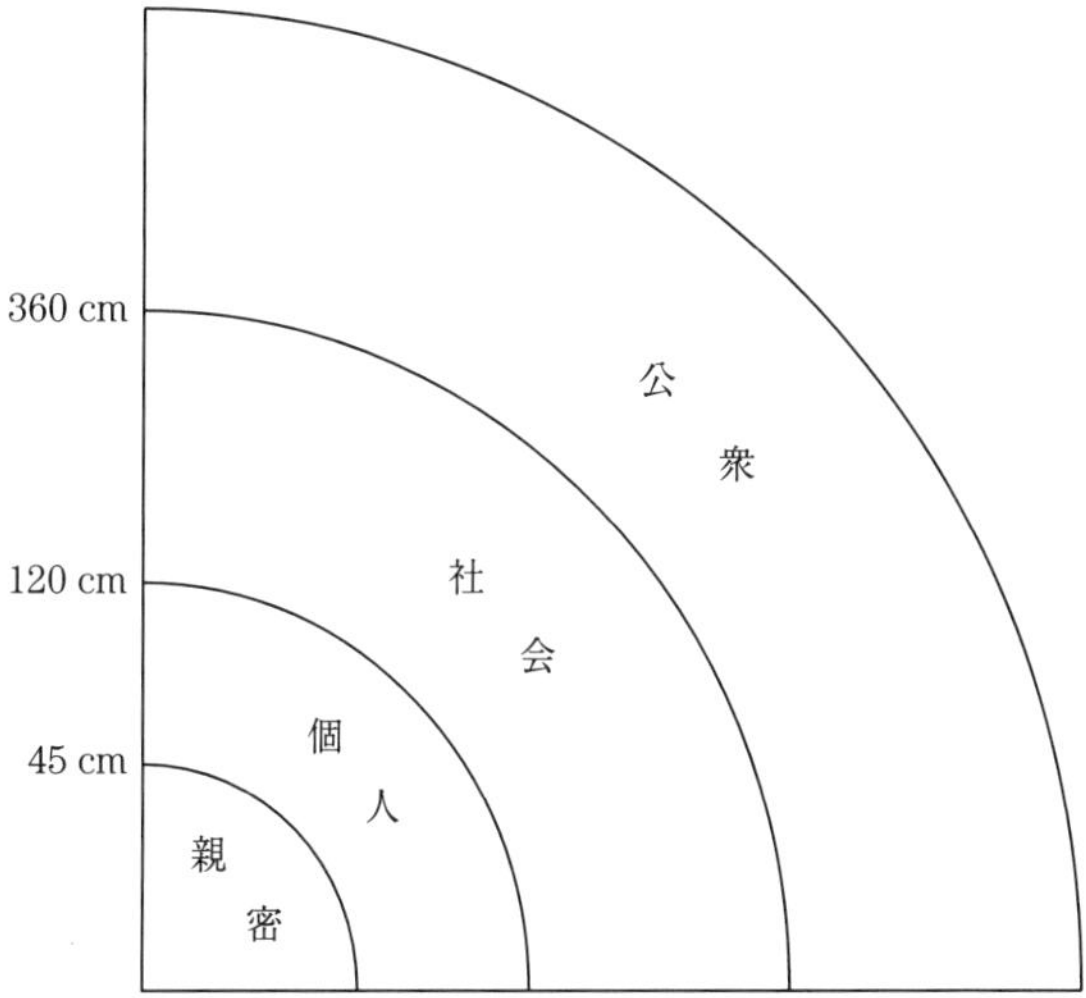

他人でも人の親密空間に入り込めるのは幼児だけ。

になる。
ホールは『空間は語る』の中で言っている。

ラテン・アメリカでは、人間が互いに作用する際の距離が、アメリカよりもずっと短い。実際、われわれ北アメリカ人には性的な感情かまたは敵意を呼びおこすような間隔にまでぐっと近寄らないと、楽な気分で話しあえないのだ。彼らが近づいてくると、われわれがだんだんあとずさりをする結果となる。だから、ラテン・アメリカの人たちは、われわれを「よそよそしい、冷たい、引っ込み思案の、不親切な」人間と考え、一方われわれの方は、「首に息を吹きかける」とか、「ぎゅうぎゅう押して来る」とか、「顔にツバをとばす」とか言って彼らをたえず非難する。

ホールの言うことは実によく理解できる。それは私も、中東やアフリカで同じような経験をしたことがあるからである。わきがと強烈なオーデコロンの異臭に、私は卒倒しそうになった。

5 時間学

われわれ人間は、客観的な時間と同時に、主観的な時間の中でも生きている。アインシュタインの話ではないが、好きな人といるときの時間は、嫌いな人といるときの時間よりも速くながれるし、また被害者の時間は、加害者の時間よりもふつう遅くながれる。午前三時に電話が鳴ったら、何か緊急の事態が生じたに違いないと思うだろう。

つまり「時」は、さまざまな出来事の重要性を示しているのであり、この意味において、時間も主観的なものなのである。ただ、何がどれくらい重要なのかという認識は、これまで述べて来たように、文化の影響を強く受けている。当然、時間に対する観念もまた、無意識のうちに文化の規定を受けることになる。その結果、時間の感覚は、文化によって違って来るのである。

例えばある文化では、対話中の沈黙は意味をなさない。それは〝何も考えていない時間〟と見なされるからである。だが日本のように、〝沈黙は金なり〟の諺にもある通り、沈黙している時間を重要視する文化もある。言葉で話し合うよりも、気持ちが伝わりあうと考えられているからである。

時間に正確か、あるいはルーズかも、また文化によって異なっている。約束時間を厳守しようとする文化もあれば、人は遅れるのが当然と考える文化もある。十五分の遅刻が無礼な行為になる文化もあれば、人を一時間待たせるのは普通という文化もある。

必ずしも一概には言えないのだろうが、私の個人的な体験によると、前にあげた〝接触文化〟の人々の方が、〝無接触文化〟の人々よりも時間に対してはルーズである。そしてラテン・アメリカや中近東の人々の時間感覚は、われわれ日本人や北ヨーロッパ人には理解しづらい。

例えばアラブの文化圏では、先のことをとりきめた約束はあまり意味を持たないようである。それはこの文化では、〝先のことなど、何の確実性も持たない〟と考えられているかららしい。このため経済開発のプロジェクトなどについても、日本人からすると、計画性の欠如が目につくのである。

意思決定にかかる時間も、文化によって大きな差違が見られる。つまりトップ・ダウンの社会では、それが短く、ボトム・アップの社会では、それが長い。このため両者が、何らかの重要な取り決めをする場合、互いの時間に対する意識の持ち方の違いは、厄介な問題に発展することがある。

さらに次章でもふれることになるが、過去という時間をどう見ているかで、コミュニケーションの仕方も違って来る。日本語には〝恩〟や〝義理〟などといった言語もある通り、われわれ日本人は、過去にこだわりを持つ。しかし過去を振り返らぬ文化もあるのであり、この意識の違いが、異文化間コミュニケーションにおいては、一方に物足りなさを、そして他方に押しつけがましさを感じさせるのである。

6 音調学

言語メッセージの意味の解釈と理解において、「何が」話されたかでなく、「どのように」話されたのかを問題にするのが、韻律（プロソディー）と副言語（パラランゲージ）から成る音調学である。周知のとおり、声の高低や強弱、話のスピードや明瞭さ、リズム、テンポ、ピッチ、声の質やイントネーション、アクセント、発話に伴う、「えー」「そのー」「あのー」などは、話者の精神状態は無論のこと、その人物の性格、意図、教育レベル、出身地などに関するメッセージを、意識にかかわりなく相手に送っている。

このため、何を話すかと同様、どのようにして話すのかということは、コミュニケーションにおいて極めて重要である。弱く虚ろな声で話す人は、どれほどりっぱなことを言おうと、音調が自信のなさというメッセージを送り続ける限り、禿げた人が毛生え薬を売ろうとするようなもので、聞き手を説得することなど出来ない。逆に快活で生き生きと話しかける人は、聞き手を引きつけずにはおかないだろう。

音量、語調、声質、発音、口ごもりなどがどれほどの情報源であるかということは、電話で見知らぬ人と話した時のことを思い出せばよくわかる筈である。我々が相手の話し方からわかるのは、何も相手の性別や大まかな年齢だけではない。我々は、旅行代理店、デパートのインフォメーション係、病院などに電話をかけた際、電話口に出た相手の話し方から、相手の性格や容姿の判断までを無意識のうちに行なっている。「この人は陽気な性格の人だな。感受性も豊かだし、親切で心の優しい人だ。しかも頭のよさそうな話し方をする。声も快活だし、きっと健康的な美人にちがいない」などといった印象を、普通われわれは音調から受けているのである。

デイビッツは、「これまでの文献で報告された大方の研究は、すべての情緒的意味が音声表現によって正確に伝達できるという点で意見が一致している」と述べたが、そののち、ピアースらの研究によって、音声の手がかりは、信頼性や好感に関する判定をも左右していることがわかって来た。

つまり、コミュニケーションの観点から見た場合に最も重要なことは、人間が対話中に、言語的内容だけでなく、音調を手がかりとして、その話者へ対応していくということなのである。ただし、音調をいかに判断するかは、文化によって多少異なるらしい。例えば日本人が快く感じる女性の「甘い」声も、アメリカ人には幼稚に感じられ、不快感すら覚えることがあるらしい。また彼らの感覚からすると、日本人は声が小さく、いつもヒソヒソ話をしているように見えるという。逆に日本人は、満員電車の中でも大声で話す〝ガイジン〟に、少しは遠慮してほしいと思っている。

つまり文化背景が異なれば、いろいろとくいちがいも生じて来るわけであるが、特に非言語メッセージは、両者が気づかぬうちに、不信感の原因となっていくことが多いようである。もっとも我々は、これまであげてきた非言語伝達手段が、コミュニケーションの中で、単独に機能しているわけでないことを体験から熟知している。つまりわれわれ人間は、顔の表情、目の動き、服装、身振り、距離……等、もろもろの手段を同時に使って、相手に情報を送っているのである。

また非言語コミュニケーションというものをもっと広い立場から考えてみると、たとえば日本企業の経営者が、海外工場での品質の維持を図るために、現地の労働者一人一人に品質管理担当者をつける、という〝行動〟も、やはり非言語コミュニケーションである。なぜなら日本人経営者のそのような姿勢を見て、現地の労働者達は、品質の管理がいかに重要であるかを知ることになるからである。

近年、海外に進出する企業の数は増加の一途をたどっているようだが、他の文化にはない特別給与や福祉への配慮もまた、ある意味で非言語メッセージだと言える。

さらにもっと巨視的に見れば、ある国に抗議をするため、同国製品の不買運動をしたり、あるいは国レベルでボイコットを実施することも、非言語コミュニケーションなのである。「ペンは剣よりも強し」という格言があるが、私はこう言いたい。――行動（非言語メッセージ）は言葉（言語メッセージ）よりも強い。

5 言語と文化的認識

言語行動とは、われわれが感じていることや考えていること（メッセージ）を、言語という記号を使って他者に伝達する行動のことである。この場合、それをどう表現するかが、文化によって異なってくるのは当然のことだが、またどういう状況では何を言い、あるいは何を言わないのかも、実は文化によって規制を受けている。

例えばわれわれ日本人は、よく、「何もありませんが……」とか、「つまらないものですが……」といった言葉を、何気なく発している。無論、こうした表現は、単なる儀礼的挨拶であって、言う方も言われる方も、本気でそう思っているわけではない。なぜなら、それは、あくまでも奥ゆかしさを表わすための謙譲言葉であって、その言葉自体が、文字通りの意味を持っているわけではないからである。

しかし、言葉が文字通りの意味を持つ文化の人に向かって、このようなことを言ったら、まったく理解されぬか、不愉快に思われるだけであろう。少なくとも、〝奥ゆかしさ〟のメッセージが伝わることは、決してない筈である。

まったく同じことが、「どうぞよろしくお願いします」とか、「いつもお世話になっております」といった言葉にもあてはまる。こうした挨拶言葉は、ある文化では、情報的に、何の意味も持ちえない。このため、そうした文化に住む人々からすると、こうした言葉は、まったくナンセンスでしかない。

これは、日本人のよく使う、「先日はどうも」にも言えることである。われわれ日本人は、他者に何かをしてあげた後、これを言われないと、何か物足りなさを感じるものであるが、その理由は、日本文化が、過去を重視するからである。しかし、〝恩〟や〝義理〟、あるいは〝縁〟といったものを表わす言葉のない文化では、当然ながら、過去のことに対して、感謝の言葉を述べることはない。このため、日本人が「先週はどうも」などと言ったりすると、変に誤解を招いてしまうことにもなりかねない。

そもそも、日本語には、〝ホンネ〟と〝タテマエ〟なる言葉もあるように、日本社会では、儀礼的な言葉が重視される。それは、日本人の心の底に、強い相互依存の気持ちが存在しているからにほかならない。これに対して、独立性や個人主義を重んずる社会では、儀礼的な言葉など重視されない。さらに、平等性と非公式性に高い価値を置く社会では、この傾向はより強くなる。そして、そのような社会では、ホンネとタテマエの峻別《しゅんべつ》も、偽善の一言でかたづけられてしまう。

また、相手を気づかう気持ちから、日本人が曖昧な言い方をすると、率直にものを言わぬと、非難されることがある。これは、日本人の〝気配り〟や〝思いやり〟と関係しているのだが、このような相手を傷つけまいとする配慮も、直接表現に高い価値を置く文化の人々には、信頼のおけぬ行為と映ってしまうらしい。

ことあるごとに日本人の口から出る「すみません」の一言も、自分への忠実さに高い価値を置くため他者に対して気兼ねや恐縮したりする必要がない文化では、〝不誠実な言葉〟ということになってしまうのである。

こうしたことを見て来ると、本来は文化の産物であった筈の言語が、実は人の文化的思考や行動を、かなり規定しているようにもみえる。

人間は文化に則して、言語を使っているのだろうか。それとも所与の言語を使うから、文化的思考や行動パターンを持つようになるのだろうか。

クラックホーンは言っている――。

この世界をどう見るか、経験をどう解釈するか、個々の言語によってそれぞれ独自のやり方があり、それぞれの言語の構造の中には、それを話す人々の世界と生活において無意識のうちに前提とされている、一連の物の見方が潜んでいる。

シャフは言っている——。

言語が一定の社会的実践にもとづいて社会的に形成されるとすれば、それは現実に起こる状況の反映であり、この状況と関連している実践的欲求に対する回答なのである。しかし、ひとたび形成されれば、言語は人間の認識に影響を及ぼし、この認識において能動的な役割を演ずるのである。

このような考え方は、アメリカ人類学派の祖ボアズによってドイツからアメリカにもたらされ、後に言語研究者サピアとウォーフによって受け継がれ、今日、〝サピアとウォーフの仮説〟という名で知られる理論的概括にその源を発している。

サピアは言語というものを、次のように考えた。

人間は、物質界にのみ在るのではなく、普通考えられているように、社会的活動の世界にのみ在るのでもなく、その社会の表現手段となっている特定言語の大きな支配を受けている存在である。人間は本質的には言語に依存することなく現実に適応しているとか、言語は伝達や内省という特定の問題解決のための付随的手段にすぎないと考えるのは、まったく幻想にすぎないのであって、「現実世界」とは、概してその集団の言語習慣に基づいて無意識のうちに築き上げられたものなのである。社会が異なれば、その世界も相違したものとなるのであり、単に同一の世界に違ったレッテルが付けられたものというのではない。我々は、あらかじめ一定の解釈を示唆する共同体の言語習慣に依存しながら、一般に、見たり、聞いたり、経験したりしているのである。

サピアのこのような言語論思想は、彼の師ボアズからの強い影響によるものと思われる。ボアズ自身は、民族学の一部として言語を研究しただけであるが、言語については次のような見解を持っていた。

言語のカテゴリーは、世界を見る我々に、一定の概念グループに分割されたものとして世界を見ることを強制するものである。そして、我々は、言語的過程についての知識を持っていないために、そのようなグループを客観的なカテゴリーであるとみなし、そのために、我々の思考形式にそれが強制的なものとして与えられることになる。

もっとも、ボアズは、「言語が認識世界を分割する」とは言っても、サピアのように、「言語が特有の世界観をはらんでいる」と考えたわけではない。彼は単に、「民族と文化は、言語によって結ばれている」と考えただけである。

これに対して、サピアの思想は、「どのような言語も、特有の世界観をはらんでいる」というものであった。つまり彼が考えていたのは、「言語は共同体である社会で形成されたものなので、今度は逆に、その共同体に住む人々の〝社会的現実へのガイド〟の役割を果たすようになる」ということなのである。そして彼が関心を抱いたのは、客観的世界を人間が知覚する際、言語がいかなる影響を及ぼすのかという、言語の経験に対する作用についてであった。そしてついに、彼は、「物理的・社会的環境の反映であると同時にまた社会的産物でもある言語が、実は人間の認識に発見的機能をもたらす」と考えるようになっていったのである。

「現実世界が言語習慣上に構築されている」というサピアの思想は、ウォーフによって継承されていくことになるが、このウォーフによって提起された言語相対性原理の構想は、より一層ラディカルなものである。彼が言語に対して持つに至った考え方は、次のようなものであった。

我々は、自分たちの母語を媒介として前もって与えられている線に則《のっと》って自然を分節する。つまりこの世界は、もろもろの印象の万華鏡的な流れにおいて姿を現わすのであり、もう一歩立ち入って規定するならば、我々の精神における言語学的体系によって、世界は組織されている筈なのである。さらに、どのようにして我々が自然を分節し、諸概念で組織化し、そしてもろもろの意味を付与するのかということも、ある取り決めに則して、すなわち、我々の言語的共同体全体に妥当し言語の構造の中に符号化されている取り決めに則して、我々が自然をこのように組織化している、ということによっても規定されている。もちろん、この合意は単なる黙示的なものであって、言い表わされていないのであるが、しかしその内容は絶対的な拘束力を持っているのである。我々は一つの新しい相対性原理に到達するのであるが、この原理が意味していることは、もし言語的背景が類似しているのでも、あるいはなんらかの仕方で共通の分母の上にもたらされるものでもないとすれば、全ての観察者が同等の物理的事態によって同等の世界像に必ず導かれるわけではない、ということである。

つまりウォーフの考えを要言すると、「この世界は客観的世界ではなく、言語によって分節され処理されているため、異なる言語を用いる人々の世界観は、それに応じて異なる」というものである。そしてウォーフは、「言語は人間の世界観を決定するだけでなく、人間の思考形式をも無意識のうちに支配している」と考えていた。

「人間の思考そのものが特定言語（母語）によって組織化される」という彼の主張は、ボアズやサピアの見解と比べた場合、明らかにその調子は強まっており、「言語体系には物質世界と認識世界の間を媒介する中間世界としての世界観が含まれているため、言語はその使用者達の思考様式を形成するばかりか、民族精神をも形成する」と考えたフンボルトの思想に近いほどである。

サピアは単に、「人間は客観的世界にのみ住んでいるわけではなく、現実世界は無意識のうちにも自分の属する社会の言語習慣の上に築かれている」と考えたにすぎない。これに対してウォーフは、「それぞれの言語は固有の巨大な構造体系によって形成されており、それぞれが自然を分節し、人々に世界を特定の仕方で把握させる」と考えたのである。

またサピアは、「物理的・社会的環境がその話者に最も明瞭に反映するのは言語の中の語彙においてである」として、もっぱら語彙の研究から言語と環境の結びつきを追究しようとした。つまりサピアは、「直接的に環境と関連しているのは語彙のみである」と考えていた。

これに対してウォーフは、「言語体系（主に文法）が、思考を形成するのである」と考えていたふしがある。このため、私は、サピアとウォーフの仮説は決して統一的なものではなく、二人の見解も異なっていたと考えている。

今日、ウォーフの提起した言語相対性理論の中で最も問題となるのは、彼が、実際に「言語は思考を決定する」と考えたのか、それとも「言語は認識に影響を及ぼす」と考えていたのかという点であるが、それは、彼の著作の中に、この曖昧さを明確にしてくれる文章がどこにも見出せないからである。

このため、研究者の中には、この仮説が、単なる幻想にすぎないと述べる者もおれば、また、仮説の検証を行なうために不可欠な資料の客観的考察が、ウォーフの著作の中には認められないと主張する者もいる。

心理言語学者のブラウンとレネバーグは、言語使用と人間の具体的な行動との間の把握可能な関係を確認すべく、色の名称が色の識別行動に影響を及ぼすかどうかを研究した。そしてその結果、「言語のカテゴリー化が色の認知をしやすくする」という結論を得ており、部分的ながらこの仮説を支持している。

クラックホーンは、ホイヤーと共に行なった二言語の比較研究から、「人間の知覚は、その人間が用いる言語の中の語彙によって影響を受ける」と報告している。そして彼は、この調査研究から、「言語というものは、その使用者たちの見るもの感ずるものに対して影響を与え、彼らの思考や何に関して語りうるかということに対してまで影響を及ぼしている」と考えるようになった。

彼は語っている――。

言語人類学の見方からすると、自分の外の世界で生起していることについて、個々の人間が一般的に持っている考え方は、必ずしも外界の出来事によってすべて〝与えられる〟のではない。個々の人間が経験内容の中に何を求め、どの部分に感度を示すかは、その母語の文法体系によってある程度まで規定されており、目に何が見え、耳に何が聞こえるかも、その影響を受けている。しかも、人間誰しも自分の母語を体系として意識することはまずないので、自分の知覚や認識の仕方にこのような特定の傾向があることには、なかなか気がつかぬものである。逆に、母語や外国語のそれぞれ独自な慣用句や言いまわしに注意してみると、普段はまったく意識していない国民的習性や思考様式について、微妙な差異を数多く見極めることが出来る。言語には経験を範疇化する働きがある。言語、それはある意味で、一つの哲学でもある。

「言語は、環境や経験をコード化する手段であり、人間の認知体系と密接に関連しているため、同一の現実も異なる言語を使用する人々の間では異なって知覚されている」という例として、しばしばエスキモー語やアラビア語が取り上げられて来た。つまり、「エスキモー語には多くの雪に関する語彙が、またアラビア語には驚くほどの数のラクダに関する語彙が含まれているため、エスキモーやアラビアの人々は、他の人間たちよりも、雪やラクダをより正確に見ることが出来る」という主張である。

もっともウォーフ自身によって出されたこの例は、しばしば反論の対象ともなって来た。それは、「さまざまな状態の雪を表現する包括的な語は『雪』の一語であったとしても、エスキモー以外の人々も、修飾語句を付加することによって、例えば『ぼたん雪』『ささめ雪』『こな雪』などで、エスキモー語と同等に表現できる」という主張である。

ただ、この反論に対する反論としては、「概念のコード化ということを考えた場合、一語で表現しうるということが違いをもたらすのだ」という見解が表明されている。

私は、ウォーフの仮説をそのままの形で支持することには躊躇せざるをえないが、「物質世界における事物の名称や、象徴的表現に用いられる抽象概念は、それが使用されている環境において注目され重要視されている」と考えている。つまりある文化に属しているということは、その環境における固有の対象を共有しているということなのである。このため、言語を共有するということは、言語共同体の仲間として、言語以外の慣習や価値観なども共有しあうことになるので、同じような認識を持ちやすくなるということになる。とするならば、言語は、文化を解き明かす鍵なのかも知れない。

例えば、日本語における「わび」「さび」「幽玄」「もののあわれ」「甘え」「恩」「義理」「人情」「縁」「心意気」「罰《ばち》」……などの言葉は、日本人にそのような〝世界〟を認識させる役割を果たしているように思える。つまり文化的・社会的な産物である言語が、実は我々の外界を知覚する仕方に、かなりの影響を及ぼしているのではないかと思われるふしがある。そしてその意味において、言語の違いは、異なった物の見方や論理思考へつながると考えられるのである。フィッシャーは『異文化を越えて』の中で、次のようなことを述べている。

異なった言語構造、ことばの概念や体験法が、選択的パーセプションのプロセスへと導くのだろうか。もし言語が考えや論理思考とそれほど密接につながっているのなら、異なった言語は異なった心理世界を表わしているのだろうか。もしそうだとしたら、国際問題におけるパーセプションならびに反応という要素を、なにがしかでも理解しようと思うなら、言語が演じる役割への理解は欠かせない。というのは、国際問題においては、ある反応の母胎としてのパーセプションや論理思考の過程も、その実、考え、パーセプション、論理思考がたどらなくてはならない言語のガイドラインによって、事前に一部プログラムされているというのがわれわれの主張だからである。

言語とは、もともと現実のものではなく、現実を認識的・社会的な意味において反映した記号的形成物にすぎない。ところでこの反映という言葉は、客観的現実を容認するからこそ意味を持つのであるが、そもそも現実とは一体何であろう。辞書を引くと、実際に目の前にある事柄や状態、あるいは事実とあるが、事物とは本来、見えるがままに存在しているわけではないということが、今世紀にはいってからは自然科学上の経験によって解明されてきた。そして認識活動は、現実を単に映し出す鏡のようなものではなく、現実を主観的に捉える機能を持っていることもわかってきた。つまりパーセプションや認識は受動的ではなく、きわめて能動的な活動なのである。それゆえ、同一の事象について、人が何をどのように知覚し認識するのかということは、とうぜん人によって異なってくるわけである。

しかし認識活動における言語の積極的な役割という問題について、われわれは一体どのよう

このようには考えられないだろうか

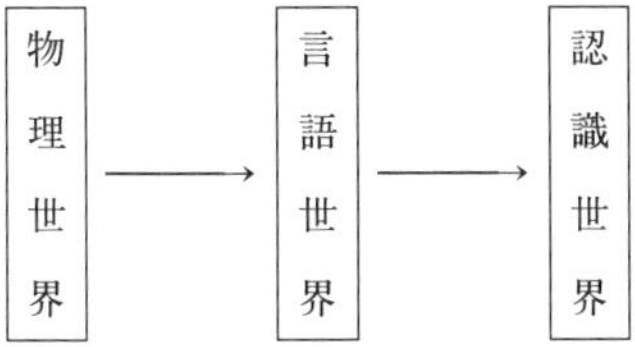

言語世界はいわばフィルター、あるいは色メガネのようなものであり、これが異なれば認識世界も変わる（例えば、クンクン鳴きながら身をすり寄せて来る仔犬も“甘え”という言葉があれば、「甘えている仔犬」として認識されるが、この言葉のない文化では、「フレンドリーな仔犬」というふうに認識されるかもしれない）。グラスの色が違えば、見える世界は違ってくるのである。

に考えていったらいいのであろうか。我々人間は、本当に言語習慣に依存して、見たり、聞いたり、感じたり、思考したり、行動したりしているのであろうか。

人間が物的対象の世界だけにでなく、文化的・社会的現象の世界にも住んでいるのは確かなことである。そして言語とは、そもそもその文化的・社会的な産物であるため、それが、文化・社会の構成員たる個人個人の認識行為に対してもある種の影響を及ぼしていることは十分考えられる。とするならば、異なる文化・社会に住む人々は、その文化・社会の産物である言語に依存して諸事を経験することで、異なった認識を持つようになるのかも知れない。

シャフは『言語と認識』の中で、次のようなことさえ述べている。

なによりもまず言語は、われわれが現実を知覚する仕方に影響をあたえる。このことはまさに、現実の特殊な種類の反映である言語が、今度はそれ自身ある意味においてわれわれの現実像の創造者でもあることを意味しているのである。

もっとも、言語相対論に批判的な人々は、「もしそれぞれの言語に経験を処理するための独特な方法が含まれているとしたら、言語相互間での翻訳など不可能になってしまう筈である」と主張してきた。確かに、ある言語から、他のいかなる言語への翻訳も可能であるとするなら、相対性の考えに疑問が投げかけられるのは、当然のことと言えるかもしれない。事実、川端康成や大江健三郎らのノーベル文学賞受賞も、翻訳が可能だったればこそありえたことなのであり、このことを否定することは誰にも出来ない。

ただし、このような翻訳可能の主張は、どこか的《まと》外れであるような気がする。言語が異なれば認識も異なるとは言っても、その違いは程度の問題だからである。ここで真に問題となるのは、ある言語におけるすべての事象が、他の言語にどれほど正確に翻訳しうるのかということなのである。ある人々は、言語間の相違について、特定の言語では何を言うことが出来るのかということよりも、むしろ、比較的に何を表現しやすいのかということだと考えているが、私個人は、言語が社会的・文化的な産物である以上、厳密な意味での正確な翻訳などというものは、とうてい不可能なことではないかと考えている。

ある共同体における認識と行動の仕方を文化と考えてみると、あらゆる言語には、全人類が共有するもののほかに、その文化固有の意味と解釈の仕方が含まれている筈である。このため、翻訳というフィルターで濾《こ》されると、文化的規制を受けた部分は削《そ》げ落ちてしまう。例えば夏目漱石の『吾輩は猫である』を英語に訳そうとすると、“I am a cat.”としか言いようがない訳だが、この英文からは、「吾輩は猫である」と「吾《われ》は猫なり」、また「俺は猫だ」や「私は猫よ」などとの違いはわからない。

だいたい、日本の文化では、「わたし」は、相手や状況によって、つまり相対的な関係によって、「わたくし」「わたし」「ボク」「オレ」などに変形するし、また子供を相手とするようなときには、自分のことを、「お父さん」とか「お母さん」、あるいは「おじさん」「おばさん」「おにいちゃん」「おねえちゃん」などと呼んでいるのである。

これに対して例えば英語の“I”は、どのような状況や人間関係においても変化することなく、

"I"のままであり続ける。

つまり日本語では自己を表現する言葉が決定的なものではなく、相手との関係によって決まっていくのだが――子供に話しかける日本の母親は自分のことを「わたし」とは呼ばない――、それは、相互依存性や集団主義を重んずる日本の文化では、個は、相手との関係の中においてのみ成立しえるものだからである。このため、日本語ではこの「わたし」をどう表現するかによって理解できる人間関係や心理状態が、"I"と"you"のみですましてしまう英語に訳されると、すべて削げ落ちてしまうようである。

フィッシャーは『異文化を越えて』の中で、「どの言語もその文化を反映している以上、その言語が他の言語に翻訳もしくは比較できるかは、その文化自体を翻訳できるか否かに左右される」と述べているが、忠実な翻訳が、文化という壁にはばまれざるをえないということは、次のような場合にも言えることである。

三島由紀夫著『春の雪』の中での、「本多は居住まいを正した」という表現は、ガローによって"He stood up straight."と訳されている。日本語で〝居住まいを正す〟というのは、膝をくずして楽にしていたのを正座してあらたまるという意味のはずなのだが、英文では、〝立ち上がる〟ことで相手への敬意を表明している。つまりコミュニケーション行動において、物理的な違いがあるのだが、これは明らかに、座る文化と立つ文化で敬意の行為が異なっているからであろう。

チェコの翻訳家ウィンケルヘフェロワーも国際文化交流シンポジウム「ノーベル文学賞の陰の実力者たち」での基調報告の中で、次のように語っている。

日本語とチェコ語は根本的に違うので、多くの問題を解決しなければなりません。例えば木下順二の「夕鶴」を翻訳する時、主人公の鶴の訳に苦労しました。鶴という言語はチェコ語では jerab と表現しますが、この言葉は男性名詞ですし、鶴という鳥がいないチェコでは、jerab という言葉からは鶴ではなく、同音異義語の工事現場で使うクレーンを思い浮かべる人が多いのです。このため volavka(サギ)を使いました。この言葉は、いささか美人の誘惑者も連想させる、きれいな言葉だからです。

またチェコの詩は、自由詩を除けば、韻が重要な役割を果たしますが、日本の詩歌には韻がないので、翻訳に頭を悩ませます。川端康成の『名人』を訳した時は、囲碁の用語が難しく苦労しました。

(傍点は筆者による)

ハイネの言葉に、「翻訳は女のようなものだ。忠実だと醜くくて、美しいと不実だ」というのがあるが、実際に翻訳は、自国語にないものを訳さざるをえない時、きわめて困難な作業であると言える。

日本文学者のキーンが、太宰治の『斜陽』の翻訳で、礼装の白足袋を white socks とせず、white gloves としたのは有名な話だが、著名な翻訳家のサイデンステッカーも、あるインタビューに答えて、芭蕉の「山路きて何やらゆかしすみれ草」の〃ゆかし〃や、蕪村の「春の海ひねもすのたりのたりかな」の〃のたりのたり〃などは、どんなに訳そうと英語にはならないと言っている。

また同氏の翻訳にふれて、吉田正俊は『英語教育の背景』の中で、「谷崎潤一郎の『蓼喰う虫』を英訳したとき、サイデンステッカーは、犬にとびつかれた娘さんが、『庭下駄のまま慌てて、ベランダへ駆け上がりながら云々』という部分を訳せず、結局省いてしまった。庭下駄の訳も困るが、それをはいたままベランダに上がるというのを〃with her shoes on〃などとしても英米人にはあたり前のことでしかなく、彼女の慌てふためく様子を伝えられない」と書いている。

このように、翻訳とは、いかに忠実にやろうとしてみても、常に、何かを犠牲にしなければ、決して成り立たぬものなのであるが、翻訳の問題は、何もそればかりではない。実は翻訳というフィルターは、原文の色や香りを、いつも変えてしまうものなのである。具体例を示すために、芥川龍之介の『鼻』のブリトンによる英訳と、これを直訳した日本語の文とを、芥川の原文と比較してみよう。

His nose was an embarrassment to him for two reasons. For one thing, its length was a real inconvenience. He was not able to eat by himself. If he did, the tip of his nose got into his metal bowl. So he used to have one of the novices sit on the opposite side of his small table and hold up his nose with a strip of wood two feet long and one inch wide. But to eat his food thus was not an easy matter, either for the novice who held up his nose or for the Imperial Chaplain who was having his nose held up.

彼の鼻は彼にとって二つの理由でやっかいなものであった。一つには、その長さは本当に不便であった。彼は一人では食べられなかった。もしそうしたら、彼の鼻の先は金属製の椀の中へ入ってしまった。そこで彼は見習い僧の一人を彼の小さな食卓の反対側に座らせて、彼の鼻を長さ二フィート広さ一インチの板で持ち上げさせたものであった。しかしこうして食物を食すというのは、彼の鼻を持ち上げていたその見習い僧にとっても、また自分の鼻を持ち上げられていたその宮廷付きの司祭にとっても、容易なことではなかった。

（筆者による試訳）

内供が鼻を持てあました理由は二つある。――一つは実際的に、鼻の長いのが不便だったからである。第一飯を食う時にも独りでは食えない。独りで食えば、鼻の先が鋺《かなまり》の中の飯へとどいてしまう。そこで内供は弟子の一人を膳の向うへ坐らせて、飯を食う間中、広さ一寸長さ二尺ばかりの板で、鼻を持上げていてもらう事にした。しかしこうして飯を食うと云う事は、持上げている弟子にとっても、持上げられている内供にとっても、決して容易な事ではない。

（原文）

こう比較してみると、意味はだいたい同じなのだが、私が直訳したものは――ということはつまりブリトンが英訳したものは――原文と比べて何か単調であり、もはやそこには芥川龍之介の自虐と自嘲に満ちた雰囲気がないことは明白である。まず「持てあました」とan embarrassmentでは、明らかに感じが異なる。「飯を食う時にもひとりでは食えない」とHe was not able to eat by himself. も、同様である。「鼻の先が飯へとどいてしまう」という諧謔的な様子は、英文になると物理的な行為に変わってしまう。「膳」は、his small table では、英米人にはどのようなものか想像がつくまい。原文では「広さ一寸長さ二尺ばかり」といっているのを、英語では about も入れず two feet long and one inch wide と明確にしているのも、文化の違いから来るものであろう。また「内供」とは、内供奉《ないぐぶ》の略で、宮中の内道場に供奉して、夜分清涼殿に伺候したり、大極殿で行なわれた御斎会《ごさいえ》で読師《どくし》の役を務めた僧のことだが、こんな言葉はどんなにしても英訳できまい。またこれは仕方ないことなのだろうが、原文は現在形のものが、英語では過去形になっている。英訳文が単調に思えるのは、ひとつにはこのためかもしれない。そもそも漢字の持つ独特な雰囲気というものが、英文からはすべてなくなってしまっている。第一、この物語はもともと『今昔物語』巻二十八「池尾禅珍内供鼻語第二十」および『宇《う》治拾遺《じしゅうい》物語』巻二「鼻長き僧の事」にのっていた王朝の説話を、芥川が近代的心情で解釈し、近代風の物語に作り直したものなのだが、これが英語という別の言語に移し変えられると、一体いつの頃のはなしなのか、その時代背景すらわからなくなるのである。

無論、これとは逆に、英語の原文を日本語に翻訳した場合も、ニュアンスが変わるのは同じである。『シェークスピアの面白さ』の中で、中野好夫は、「シェークスピアのほんとうの面白さは、翻訳ではとうてい移しきれない。五割か六割も原作の潑刺さ、面白さを出せれば、御の字で、訳しながら絶望的になる」と述べているが、実際にシェイクスピアの翻訳には、これでいいというものは無いらしく、これまでにも多くの人々が、その翻訳に挑戦している。つまり原文は一つだけなのに、訳すとなると訳者の数だけ訳文があるというわけである。その違いがいかなるものか、『マクベス』第四幕第一場でのマクベスのセリフの訳を、いくつか比較しながら見ていただきたい。

I conjure you, by that which you profess,
Howe'er you come to know it, answer me:
Though you untie the winds and let them fight
Against the churches ; though the yesty waves
Confound and swallow navigation up;
Though bladed corn be lodged and trees blown down;
Though castles topple on their warders' heads;
Though palaces and pyramids do slope

Their heads to their foundations; though the treasure
Of nature's germens tumble all together,
Even till destruction sicken; answer me
To what I ask you.

汝達《きさま》は、どうして予言するのか知らんが、果して予言する通力《つうりき》が有るなら、懇願する。返答してくれ。よしんば其為に「風」が釈《と》き放されて、寺々をさへ震動さする暴風《あらし》が起らうと、怒濤が捲き起って船舶を呑み込まうと、穀類が莢《さや》から叩き散されようと、樹木が吹き倒されようと、城塞《とりで》が衛兵の頭の上へ顛覆《ひっくりかへ》らうと、宮殿や三稜塔が土台へ傾《かし》がうと、破壊其者すら倦厭《うんざり》する程、貴《たっと》い万物の種がことごとくごッちゃにならうと、関った事アない、俺が今訊ねることに返答してくれ。

（坪内逍遥訳）

お前方のしてゐる、その為事を証《あかし》に立てて頼むのだがな。（それをお前がどうして知ってゐるにしろ、）己の問ふ事に返事をしてくれ。

お前方は暴風《あらし》を起して、

寺々を吹き崩させるのか。
泡立つ波に舟筏《ふないかだ》を覆《くつがへ》らせて沈めるのか。
伸びた穀物を寝させるのか。木を吹き倒させるのか。
城や砦を番人の頭の上に壊え掛からせるのか。
宮殿や塔を、
屋根が地《ち》に附くやうに傾けるのか。
宇宙万物の種子《しゆし》の宝を、
破壊が飽いて病むまでも、一しよにこはしてしまふのか知らぬが、
己の問ふ事に返事をしてくれ。

(森鷗外訳)

お前らの商売にかけてお願ひするが、返事をしてくれ。なぜお前たちにはわかるか知らない。
たとひお前たちは風を放《はな》して、その風をお寺に向かって
吹きつけさせようとも、たとひ泡だつ波が立ち乱れて

船といふ船をば嚥《の》み込まうとも、たとひ穂に出ぬ穀物《こくもつ》が
靡《なび》き倒され、立木《たちき》が吹き倒されようとも、たとひ城が衛兵の頭《あたま》の上に崩れかからうとも、
たとひ宮殿や尖塔が傾いて逆さになつてひつくりかへらうとも、たとひ自然の種子《たね》の宝が
みんなごちやごちやになつてしまつて、破壊《はくわい》までが
気に病むやうにならうとも、おれの聞くことに
返事をしてくれ

（野上豊一郎訳）

頼む、どのようにして手に入れたか知らぬが、
おまえたちのもつ予言の魔力によって答えてくれ。
そのためとあらば、風という風を解き放って
教会を吹き倒してもかまわぬ、泡立つ波に
船をくつがえし飲みこませてもかまわぬ。
麦の穂を吹き飛ばし立ち木をへし折ってもかまわぬ。
城壁を衛兵どもの頭上に崩れ落としてもかまわぬ。

宮殿の尖塔を揺るがし傾け、その台座に横倒しにしてもかまわぬ。大自然のゆたかな種を
引っかきまわしまぜあわせ、破滅も目をそむける
混乱をきたしてもかまわぬ。とにかくおれの問いに
答えてくれ。

（小田島雄志訳）

どうして探りだすか知らないが、
とにかく貴様たちの専門の知識でもって、お願いだから返答してくれ。
たとい貴様たちがそのために烈風を放って、寺院を
うち倒そうとし、泡立つ怒濤が
船舶を粉砕して鵜呑みにし、
青い不熟の穀物が打のめされ、樹木が吹き倒され、
城塞が番兵の頭上に崩れ落ち、
宮殿と三稜塔が土台まで頭をかしげ、
秘蔵された万物の種子を、ごった返して、

ついには破壊も厭気がさすにしたって、わしの尋ねることに返答してくれ。

(沢村寅二郎訳)

頼む、お前らの持つ予知の魔力にかけて、なぜお前らにそれが分るかは問わん、答えてくれ。

お前らが自在に操る風という風を解き放って神の会堂に吹きつけさせようとも、
泡立つ大波に船々を砕かせことごとく呑みこませようとも、
まだ穂にも出ぬ穀物を叩き伏せて木々を大地に吹き倒させようとも、
衛兵どもの頭上に城壁をどっと崩れかからせようとも、
宮殿や尖塔の頭《かしら》を吹き折って台座の上に落ちかからせようとも、
大自然の豊かな種を散乱させ破壊もおもてをそむける迄に立ち至らせようとも構わん、答えてくれ! おれの尋ねることに。

(木下順二訳)

これでもまだ翻訳されたものの中のごく一部にしかすぎないのだが、こうしてわざわざその中のいくつかを紹介したのは、世界の文学史上、シェイクスピアの作品ほど、大勢の人々によって翻訳されたものはほかにないからである。そして無論、ここで比較の対象にあげてみたのは、日本語訳だけである。

シェイクスピアは原則として詩形式なので、これを翻訳する場合は、詩というものの日・英の構造の違いを考えながらも、独特の美しさを保ちつつ、かつまた朗誦に耐えうる工夫もしていかねばならぬようだが、訳文を比較しながら読んでみると、原文をベースにはしていても、その原文から独立した、何か新しい創作活動のようにも見える。それは文化という壁が、結局は厳密な翻訳というものを、不可能にさせているからではあるまいか。

かつて内村鑑三は、翻訳というものはいかに精確にしようとしても、同系言語間においてすら困難で、いわんや異系言語間においては、思想を通じさせることなどほとんど出来ない、という主旨のことを述べたことがあるが、同氏はまた『外国語の研究』の中で、次のようなことを書いている。

ドイツ語に訳して、沙翁《シェイクスピア》の作はその妙味を半減するがごとく、英語に訳せしゲーテの秀作は、ほとんど読むに忍びざるものあり。「百人一首」、「古今和歌集」を英訳もしくは独訳せしものの、原意を全く毀損《きそん》するの感あるはもちろんのことなり。

この〝原意〟とは一体何のことなのか。内村は同書の中で次のような例をあげて説明している。

われの「切腹《せっぷく》」は、名を重んじ命を軽んずるの行為なれども、彼《か》の訳字なるSuicideは、失意失恋者の絶望的自殺を意味す。彼のLoveなる語をわれに伝うるの語なきと同時に、またわれの「孝」を完全に言い表わすの語、彼にあるなし。『忠臣蔵』を英訳して、英人はその真意の那辺に存するかを知るに苦しむ。復讐は、われにありては徳にして、彼にありては罪なり。彼我思想の隔絶《かくぜつ》、実にかくのごとし。

こうして見てくると、文化が異なれば、本当に忠実な翻訳などというものは、ありえないと考えた方がいいのかも知れない。

もっとも、異文化間での意思疎通ということでいえば、困難なのは何も文学の翻訳だけではない。簡単な挨拶言葉ですら、文化固有の意味を持っているからである。

例えばわれわれ日本人は、別に招く意志もないのに、「ぜひ一度お寄りください」などと言ったりする。これでもし本当に出かけて行ったら、相手は迷惑するだけだろう。何と常識のない人か、と思われても仕方あるまい。だが何が常識かは、文化によって異なる。相手が異文化の人であれば、「有難う、いつおうかがいすればよろしいですか」と聞いて来るかもしれない。それは要するに、この言葉の〝意味〟が違うからである。

また、われわれはよく、「つまらないものですが……」「何もありませんが……」「お口にはあわないでしょうが……」「粗茶ですが……」といった、真意と反対の表現を用いる。だが、こうした日本語の謙譲表現も、ホンネとタテマエを峻別しない文化の人々には、美徳の謙譲どころか、悪徳の偽善と誤解されるおそれがある。

近年、アイデンティティという言葉をよく耳にするが、それは、この言葉の意味を的確に表わす単語が日本語にはない――このため日本語に訳せない――からである。その理由は、identityの持つ概念が、日本社会には存在していないことによる。つまり、集団の中では我を抑えてタテマエを重んずる日本の社会では、個人主義（ホンネ）の徹底した社会と異なり、自我の確立という概念や思想が育たなかったのである。

むしろ、集団主義のタテマエ社会では、「義理」「恩」「縁」などの概念が発達し、それに付随して「義理が立つ」「義理を欠く」「義理と人情の板ばさみ」「義理で参加する」「あやまる義理はない」「義理チョコ」とか、「恩義」「恩情」「恩人」「恩師」「恩に着る」「恩に着せる」といった、異文化の人には理解しづらい、日本独特の言葉が生まれたわけである。

もっとも、言語のどの部分がというより、実は言語そのものに、文化特有の見方があるといった方が、より適切な言い方なのかも知れない。ピーターセンの『続日本人の英語』によると、例えば「悔しい」「偉い」「可愛い」「優しい」などといった、特に日本独特な言葉とも思われぬ日本語ですら、あてはまる英語はないのだそうである。彼は同書の中で、伊丹十三の映画『タンポポ』における次の会話にまず注目している。

タンポポ「ねえ、あたしよくやってる?」
ゴロー「よくやってるよ」
タンポポ「えらい?」
ゴロー「えらい、えらい」

日本語で雑誌にエッセイを連載するほどのピーターセンも、「私は、その『えらい?』を英語に訳せと言われたら困る」と言いながら、次にアメリカで販売されている同作品のビデオの英語字幕スーパーを紹介している。

Tampopo : Am I trying hard enough ?
Goro : Sure you are.
Tampopo : Am I good ?
Goro : Sure.

ところがこの英訳文について、彼は次のように述べている。

この英語は、表面的には似たような内容の話にはなっているが、感覚的に言えば、ドライで、機械的な会話である。日本語のオリジナルに比べたら、情けない英語である。言うまでもなく、可愛さはこの英語のどこにもない。日本語で言えば、
タンポポ「私は十分に頑張っている?」
ゴロー「それはそうだよ」

タンポポ「私には才能があると思う?」
ゴロー「思う」

というような感じである。

そして彼は、「えらい?」というくらい簡単な表現が、なぜ英語では言えないのだろうと自問した後、『広辞苑』での定義とタンポポの「えらい?」を比較しながら話を進め、次のように結論づけている。

転んでも泣かなければ、親に「えらい、えらい」と誉めてもらえることは、日本では小さな子供にでもすぐ分かる。しかし、外国語として日本語を理解しようとする人間にとっては、いくら和英大辞典で「えらい (great, grand, famous, illustrious, wonderful, extraordinary, phenomenal, etc.)」という言語を調べても、その言葉が、まさか「転んでも泣かなければ、えらい」というふうに使える言葉とは思えないのである。日本で暮らしたことがなければ、映画の『タンポポ』で、彼女がどういうつもりで自分のことを「えらい?」と訊いたのか、理解するのは難しいだろう。日本人が実際に日常生活にその言葉をどう使っているかを体験、し、実感してから初めて理解できるようになる。そういう表現が実に多い。

（傍点は筆者による）

彼はまた、別の箇所で、小津安二郎の映画『東京物語』での「いやァねえ、世の中って……」と「そう、いやなことばっかり……」の台詞《せりふ》を取りあげ、「『いやァねえ』と『いやなことばっかり』に当てはまる英語はないし、『世の中』は、この場合、life と the world の間くらいで、いずれにしても違うという感じだから、どうしようもない。それぞれの言葉の裏に流れている気持ちが分かれば分かるほど、ぴったりくる英語がない、という気持ちになることが多い」と語っているが、これは英語を長年やっている日本人にとっては、かなりショッキングな発言なのではあるまいか。（同じように、「いかがですか」と言われた時の「おかげさまで」とか、「そんなことをすると罰があたるよ」などの表現も、英語にはないし、また何かを頼まれたとき、われわれはよく「畏《かしこ》まりました」と言うが、一体なぜ、日本人は畏まらなければならないのか、しかも、「畏まります」ではなく、どうして過去形で「畏まりました」と言うのか……。）

やはり、あらゆる言語は、世界を見る固有の構造を持ち、それぞれの言語は、客観的世界を異なった仕方で分節しているのであろうか。ただ、このような仮説は、検証するのがはなはだ難しい。

そもそも、「言語体系が思想を形成し、個人の『精神的創造』を分析するための指針となる」というウォーフの考えは、当初より、論理学的な要素を多く含み過ぎていたため、はっきりとした論拠を見出しがたいものであった。また言語相対性の主張を理解する上での困難は、個人行動と言語、集団行動と言語の関連が混同されているということ、そして言語と思考、言語と認識、言語と感覚、言語と文化が、常に混同されて来たという事実によるものである。

このため、個々の相関関係の究明にあたっては、それぞれの見解を明らかにするため、研究において何らかの区分が必要であろうし、それを踏まえた上で、言語と文化の関係を究明する場合には、文化の何が、言語のどこと連関しているのかを、詳細に研究していかなければならない。そうすれば、言語相対性の理論は、異なる言語体系が異なった世界観を創り上げるという不可思議な一般論から、もっと科学的分析が可能なレベルまで引き上げられる筈である。

6　言葉の中のジキルとハイド

前の章でも述べたように、翻訳においては、常に何かが失われる。また、外国語を学習したことのある人なら、誰でも、異なった言語は違ったやり方で出来事を類別していることに、気づく筈である。そうすると、次の問題は、各言語間の相違が、人間の認識の仕方や、行動様式の違いとなって表われるのかどうかという点である。

もし、言語構造や言葉の概念に選択的にパーセプションへと導く何かが含まれているとしたら、それぞれの異なる言語は、それぞれの仕方で外界現象を分類することによって、我々に言語というフィルターを通した世界を見させているのかも知れない。

「私の言語の限界は、私の世界の限界を意味している」と言ったのは、彼《か》のヴィトゲンシュタインであるが、もし、この世界が客観的世界なのではなく、言語によって分節され処理されているのだとしたら、いったい異文化間コミュニケーションは、相互理解のコミュニケーションになり得るだろうか。言語が文化的に習得される記号であるとすれば、ある言語を異質の文化で外国語として学習した人々は、記号のある部分を見逃したり、あるいは全く違って解釈してしまうことが考えられる。このため、どちらか一方の人間が母語以外の言語を使わざるを得ない異文化間コミュニケーションでは、本来の意図が無視されたり、あるいは誤って解釈された結果、重大な誤解を招いてしまうことになりかねない。

全ての人間が、自文化の影響を強く受けているということは、だれもが認めるところである。そして、言語は我々が文化から学ぶ様々な行動パターンの中でも群を抜いたものだけに、我々はまた、想像以上に言語の拘束をも受けているのかも知れない。

私が、サピアとウォーフの仮説、あるいは言語相対論と呼ばれる理論的概括の中で最も関心を持つのは、言語が実際に人間の経験を範疇化することによって、その使用者の認識と行動に、特定な仕方で影響を及ぼしていくのか——つまり言語には、ある意味で、人間をジキル博士にしたりハイド氏にしたりするような力があるのか、ということである。そこで、この章では、バイリンガルという人々（ここでは日・英の）が、同一の状況をそれぞれの言語で体験した際、その心理状態と行動にも違いが見られるのか、ということにテーマを絞って話を進めていきたいと思う。

ここで調査対象とした問題は、次の二点である。

1．バイリンガル達は、ある特定の状況を体験した時、使用言語を変えることによって、異なった心理構造を持つようになるものなのか。

2．日本語・英語による反応の仕方は、それぞれの文化に適応したかたちで、示されるものなのか。

この調査の被験者になりえたのは、均衡のとれた二言語併用者のみである。なぜなら、それぞれの言語に異なる世界観があるとしても、それらを実際に体験し証言しうるのは、結局のところ彼らをおいてほかにはいないからである。

とはいえ、完璧なバイリンガルとは、両言語において、どのような言語能力を有した人のことをいうのであろうか。かつてブルームフィールドは、バイリンガルの定義を、第二言語において母国語のような能力を持つ者と述べたことがあるが、これは必ずしも明確な描写とはいえない。

マッキーは、バイリンガルの言語能力を評価するにはその人の読解力・作文力・会話力・聴解力における熟達度をテストしなければならないと考えたが、確かに、言語の一技能に優れた者が、他の技能でも優秀であるとは、一概に言えない。第二言語での表現力は十分あっても、読解能力が乏しかったり、音声学的にはネイティブ並みの力量を持っていても、使用可能な語彙が極く限られているなどということは、大いに考えられることなのである。

ランバートやハベルカは、二言語の能力差は反応の違いとして表われる、という説を報告している。つまりバランスのとれた完璧なバイリンガルであれば、二言語間の反応時間に差はないというのである。

言うまでもないことだが、単に二つの言語を流暢に話せればその人間はバイリンガルであるというほど、ことは簡単ではない。バイリンガルの背景には、二つの言語を使用するようになった社会的環境があるため、このような調査では、個人に関する全行動のレパートリーの中で、二言語がどのように分配されているのかということまで、詳しく調べなければならないのである。

幼年期の二言語併用は、たいていの場合、第一言語が家庭で習得された後、第二言語が家庭外の環境で確立していく。一般的に小さな子供はすべての面で柔軟性を保っているため、第二言語を容易に習得してしまうものである。ペンフィールドは子供の言語適応性を大脳生理学の立場から調査した結果、人間は九歳から十二歳以降、言語活動に関連する脳の部分における柔軟性が弱まるため、言語獲得能力が著しく低下すると報告している。無論、この年齢に異議を唱える人々もいない訳ではないが、大脳には言語を自然に習得できる〝臨界期〟があることは、子供が簡単に外国語を覚えてしまうという事実から、何人といえども否定することはできない。

そしてその臨界期の年齢は、どうも十歳以下のようである。

このように、どのような人間をバイリンガルとするかの決定は、想像以上に困難なことであるが、この調査を行なうにあたっての被験者は、次のような基準で選択した。

(1) 第二言語の習得年齢が、八歳以下であった者。

(2) 言語の知的発達度を測定する両言語（日本語と英語）での語彙テストで、ある一定以上の得点を取得した者。

(3) 各言語での反応が、それぞれの言語を母語とする人々によって審査され、両言語での理解力、文法力、発音、流暢さが、ネイティブ並みと判断された者。

ここで(3)については、面接の際、次のような質問が日本語と英語でなされた。この時、質問は時間を違えて、それぞれの言語を母語とする者が担当し、その会話は全て録音された。

・最初に使い始めたのはどちらの言語だったか。

・第二言語を使い始めたのは何歳の頃か。

・どのような状況でそうなったのか。
・英語と日本語で受けた学校教育はどのようなものか。
・第一と第二言語の国にはそれぞれどれくらいの期間住んだか。
・日本に帰って来た（または初めて来た）とき何歳だったか。
・その後第二言語を母語とする国へは何回行ったか。
・その時それぞれどれくらいの期間滞在したか。
・現在は両語をどのような状況で使っているか。
・一日の間で英語と日本語を使う割合はどれくらいか。
・どういう新聞や雑誌を読むか。
・英語と日本語で読む時間の比率はどれくらいか。
・どのような本を読むか。
・好きな作家は誰か。
・同じ本を原書と翻訳書で読むことはあるか。
・もしあるなら何故そのようなことをするのか。
・翻訳についてはどう考えているか。

・英語と日本語でのユーモアの違いは何だと思うか。
・どんな英語と日本語の歌を聴くか。
・言語を変えたとき自分が違う人間になったように感じることがあるか。

人間の心理的世界を探ろうとする時、投影法は最も効果的な手段であると思われる。それは投影法が、パーソナリティと社会・文化変数の関係を評価するのに、きわめて有効な手法だからである。またこの方法を用いると、広範囲な回答が得られるため、多面的な反応のデータを得ることができる。

投影法は元来、臨床心理学で性格診断を目的として開発され、そして利用されてきた。しかしながら近年になり、この投影法は、特に文化人類学者らによって、文化の変数とパーソナリティの変数との関係における諸問題の研究に、広く応用されるようになった。

投影法にはいろいろな種類のものがあるが、この調査には、ローゼンツァイク絵画フラストレーション・スタディ（略して以下P—Fスタディと呼んでいく）を使用した。このP—Fスタディは、二十四種の、日常で普通誰でも経験する欲求不満の場合によって構成されている。絵は線画を用い、人物の表情は省略してあるが、これは絵の印象で特別な反応を暗示誘発することを避けるためである。どの絵も、左側の人物が右側の人物に話しかけ、何らかの意味で不満を起こさせる場面になっている。つまり被験者は、画中のフラストレーションに陥っている人物に自分を投影し、言われたこと（A）に対して、返答すること（B）で、自分なりに反応していくのである。

P—Fスタディは、もともとは用紙に答えを書き込ませる方式であったが、この調査では、試験者による、絵を指しながらの対話形式を取った。試験は日本語での場合は日本人が、英語での場合はアメリカ人が行ない、また対話をすべて録音した。

被験者が、それぞれの状況における人物に自分を投影するということが、P—Fスタディの基本的な方法である。それぞれの反応には、攻撃性の方向と型に基づいて、評点が与えられるようになっている。

攻撃性の方向には、外罰的（E：攻撃が外に向けられるもの）、内罰的（I：攻撃が自分自身に向けられるもの）、無罰的（M：フラストレーションをうまくいなして攻撃をはぐらかすもの）、という三種類がある。また攻撃の型には、障害優位型（O-D：フラストレーションを引き起こした障害について強く言及する反応）、自己防御型（E-D：自我を強調し自己を防御する反応）、要求固執型（N-P：フラストレーションの解決法を強調する反応）の三つがある。そして、これ

P-F スタディはいろいろな言語に訳され、文化比較の調査に用いられている。

前の人の帽子が邪魔になって、見えにくいでしょう。

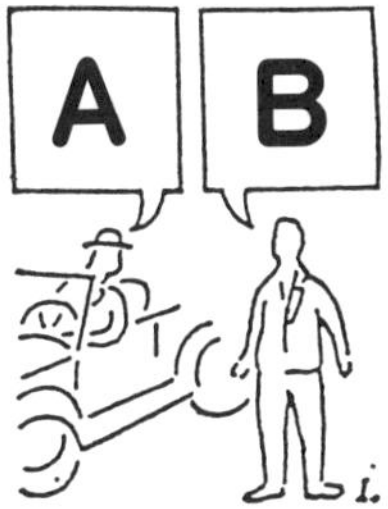

服にはねをかけてしまって、本当にすみません。できるだけ水たまりをよけて通ろうとしたんですが……。

せっかく送って来たのに、車の故障で汽車に間にあわず申しわけありません。

あら大変だわ！
あなたが今わったのは、母が大切にしていた花瓶なんですよ。

つい1週間前に買った時計なのに、これで三べんも直しに来ているんですよ。いつでも家にもどると、すぐ止まってしまうんです。

4冊持っておいでのようですが、図書館の規則で、一度に2冊しか持ち出しできないのですが。

でもね　それはちょっと言い過ぎじゃありませんか。

君のガールフレンドが、明日の遠足の仲間に僕を招待してくれたよ。彼女は君は行かないと言ってたけど……。

すみません、番号を間違えました。

ぜひこのコートが御入用とは思いますが、主人が午後にならないと帰って来ませんので、私にはお出しできません。

これがあなたの帽子でないとすると、あの人が自分のと間違って、あなたのをかぶって帰ったに違いありません。

君はウソつきだ。君にはそれがわかっているはずだ。

本当にすみません。私の失敗がなかったら、我々の組が勝っていたでしょうに……。

昨日はお約束しましたが、今朝はお会いしているひまがないんです。

君が無理に追いこそうとしたのが、間違いだよ。

あの人は、10分前にここへ来ていなくてはならないはずなんですが……。

学校の前だというのに、時速60キロも出して、いったいどこへ行くつもりですか。

また、鍵を失くしたのね？　困ったわね、入れないわ！

あの人が我々を招待しなかったのは、変だわ！

すみません、最後の一つも、たった今売れてしまいました。

おばさんからなの。もう一度お別れがしたいから、ここでしばらく待ってほしいと言っているんだけど、困ったわね！

あなた達はあの人のことをそんなに悪く言っていますが、あの人は昨日災難にあって、今は入院しているんですよ。

お貸しして頂いた新聞をお返しします。赤ん坊がやぶってしまいまして、すみません。

お怪我はありませんか？

らの組合せにより、二つの変型を含む十一種類の評点因子が出来上がる。それは自己防御型の(E)、(I)、(M)と、その変型の(E⁺)、(I⁺)、ダッシュをつけた障害優位型の(E′)、(I′)、(M′)、そして小文字で表わす要求固執型の(e)、(i)、(m)であるが、これらを表示すれば、一三六頁のような表になる。

P—Fスタディを使っての調査は、東京とカリフォルニアで、延べ三回にわたり、総計五十三人のバイリンガルを対象に実施された。

実験に先立ち、前にあげた二〇の質問が、アメリカ人の試験者から英語で、日本人の試験者からは日本語でなされた。ここでの面接の目的は、被験者のバックグラウンドと、言語能力に関する情報を得ることにあった。質問の後、P—Fスタディ・カードを使った実験が行なわれた。

実験の結果から先にいえば、被験者たちが英語と日本語で示した反応の間には、明らかな差異が現われた(つまり言語を変えることによって、被験者たちは、ある意味でジキル博士になったりハイド氏になったりした)。特にテーブルIIで示すとおり、E、M、E-Dでの違いは顕著なものであり、その中でもE部門の相対的強度には、大きな差異が認められた。EとE-Dに関しては、被験者が日本語を使用した際、英語で反応したときよりも、はるかに低い頻度を示したが、これは、被験者の心理状態が、英語使用時にはより外罰の方向へむけられていたことを意味し

不満反応の分類

型 / 方向	障害優位 O-D	自己防御 E-D	要求固執 N-P
外罰 E	困ったことだ (E′)	君が悪い (E)	何とかしてくれ (e)
内罰 I	かえってよかった (I′)	私の方が悪い (I)	自分で後始末する (i)
無罰 M	大したことではない (M′)	それは止むを得ない (M)	自然の成行きにまかせる (m)

評点因子一覧

型 / 方向	障害優位	自己防御	要求固執
外　罰	(E′)障害強調	(E)攻撃 (E^+)責任否定	(e)解決依存
内　罰	(I′)障害合理化	(I)自責 (I^+)責任回避	(i)努力
無　罰	(M′)障害無視	(M)容認	(m)習慣服従

(E^+) と (I^+) が変型

(E^+) の例：冗談じゃない。僕がしたんじゃないよ。

(I^+) の例：ごめん。でもこんな間違いは誰でもするんじゃないかな。

アメリカ人と日本人のP-F スタディ・カテゴリーの平均（テーブルI）

カテゴリー	アメリカ人	日　本　人
E	45%	36%
I	28	31
M	27	33
O-D	22	23
E-D	52	51
N-P	26	22

バイリンガルのP-F スタディ・カテゴリーの平均（テーブルII）

カテゴリー	英語の場合	日本語の場合
E	45.7%	35.6%
I	26.8	31.6
M	27.2	34.3
O-D	24.3	32.6
E-D	49.8	41.2
N-P	25.9	26.6

ている。

また、バイリンガル被験者の内罰自己防御型(I)の数値は、日本語使用時により強い自己批判の傾向を示しているが、このことは、「全くなんともありません」(障害優位型)、「私の方が悪かった」(自己防御型)、「自分で始末をつけますから」(要求固執型)などと言うことで、彼らの心理状態が、内罰方向にむかっていたことを意味している。

同様に重要なのが、無罰自己防御型(M)の値で、これは日本語使用時に高い数値を示している。相対的に、バイリンガル被験者たちは、日本語で対応する時にはフラストレーションの状況を避け難いと感ずるらしく、「大したことではありませんから」(障害優位型)、「それは止むを得ないことですから」(自己防御型)、「成行きにまかせますよ」(要求固執型)などと言うことによって、無罰方向にむかう傾向が強かった。

被験者たちが使用言語によって示した異なる反応は様々であるが、その中から、顕著なものをいくつかあげると、例えば「昨日はお約束しましたが、今朝はお会いしているひまがないんです」というカード13に対して、日本語では「またあした来ます」(i)、「ではいつお会いできますか」(m)、「前もって私の方から電話しておくべきでした」(I)などと言っていた被験者たちが、英語を使った時には、「どうしてだめなんですか、約束は守ってくださいよ」(E)、「わざわざここまでやって来たんですよ」(E′)、「ほんのちょっとお話ししたいんです」(e)などと、外罰的な反応を示すようになっている。

カード16の「君が無理に追いこそうとしたのが、間違いだよ」に対しては、日本語で「すみません」(I)、「すみません、急いでいたものですから」(I)、「ついうっかりしておりました」(I)と反応した被験者らが、英語になると、「そうは思いませんよ。あなたにそんなこと言う権利なんかないでしょう」(E)、「私のせいじゃないよ」(E)、「免許証を見せてくれますか」(e)などと反応している。

また、カード23の「おばさんからなの。もう一度お別れがしたいから、ここでしばらく待ってほしいと言っているんだけど、困ったわね！」に対して、日本語では、「じゃあ待てるだけ待とう」(m)、「まだ少し時間はあるよ」(M′)と無罰の反応を示していた被験者らが、英語では「もう待てないよ」(E′)、「もうそんな時間なんかないよ」(E′)と、外罰的な反応に変わったのである。

しかも、バイリンガルの被験者たちは、同じ外罰的方向を取るにしても、日本語では「それは困ったことだ」といった障害優位型O-Dを示す傾向が強いのに対して、英語では、「それは君が悪い」といったように、自己防御型E-Dの傾向をより強く示した。つまり彼らは、日本語の使用時には障害に対して強く反応するのに対し、英語の使用時には、人間に対してより強い反応を示したのである。
これらの結果は、一体何を物語っているのであろうか。調査結果における差は、質的特徴の差であるだけに、注目に値すると思われる。少なくともこの実験から、次のことは明らかにされた。それは、バイリンガルが使用言語を変える時、彼らの心理状態にも、変化が起こるということである。つまり、日本語・英語による彼らの反応の仕方は、それぞれの文化に適応したかたちで示されるのである。
ある被験者による次の言葉は、文化と言語の関係について、多くを物語っている。

もし日本語で「奥さんは美人ですね」と言われたら、「いやいや、とんでもありませんよ」と即座に否定しますが、英語で同じことを言われたら、「だから彼女と結婚したんです」と答えるでしょうね。

言語の持つ影響力を考えると、異文化間における真の相互理解には、時として絶望的にならざるを得ない。

7 カルチャー・ショック

人間は、自分が生まれ育った文化と異なる文化に遭遇した際、ある種の衝撃を体験する。それは、これまで社会生活に適応するために慣れ親しんできた手段が、異文化においては役立たなくなるため、心理状態に混乱が起こるからである。異文化に対するこのような反応こそ、一般的に、カルチャー・ショック（文化衝撃）と呼ばれる現象である。

カルチャー・ショックという言葉は、ビールズとハンフリーが一九五七年に初めて使い、翌五八年から六〇年までの間に、オバーグが用いるようになって普及した。

このオバーグは、カルチャー・ショックという現象を、「新しい文化環境に対する個人の心理反応」と考えていたが、その後、カルチャー・ショックの定義は、研究者たちの間で微妙なニュアンスの違いが出て来るようになった。

ホールは、「カルチャー・ショックとは、自分が経験してきた沢山のなじみある手がかりが失われたり歪められたりした上、他のなじみのない手がかりに取って代わられることである」とそれを定義した。

またタフトはカルチャー・ショックを、「個人の先行学習にたよっていたのでは、不適切にしか対応できないとわかるような、不慣れの文化的環境に自身を置いたときに悩まされる、何かの感情的障害の状態」と定義している。

日本の研究者では、中根千枝が、「異質社会の複雑なシステムの拒絶反応であり、それにより個人の感じるとまどいである」と説明し、長島信弘はそれを、「自分とは異なる『文化』に接触した時に経験する違和感を伴った精神的衝撃」と定義している。

また江淵一公は、「異文化を持つ国では、行動体系が異なるため、その場に適切な行動の見当がつかず、とまどい、いちいち意識して選択しなければならない。またあたかもその異文化が自分を拒絶しているかのように感じる。その際の被拒絶感・隔絶感から精神的平衡が乱れ、サイコソマティック（心身症的）な症状を示す」と述べ、その症状として、食欲不振、予期しない歯痛や心臓の不調、また不眠や奇異な振舞いなどを挙げている。

さらに、樋口勝也、菊池章夫らはカルチャー・ショックを、「外国人の体験する無能力感であり、それは彼らがそのカルチャーの認知的側面について熟知していなかったり、そこで必要とされる役割演技の技能を持っていなかったりすることから、環境をうまく処理できないために生ずるものである」と解説し、実験の結果として、個人に起こる不快感、焦燥感、疲労感、不能感などを挙げている。

企業の海外活動を検討する立場から、理論的かつ実践的な異文化間コミュニケーション訓練に携わってきた井上正孝は、この現象を次のようにとらえている。

異文化で育った人との生活では、それぞれが自分の文化の中で身につけたパターンで接触することになる。自分では気づかないまま異質なやり方で相手と対応し、お互いに不一致や違和が起こる。この不一致や違和そのものでなく、その結果として起きる心理的不適応状態が、カルチャー・ショックと呼ばれるものである。

そして、様々な定義を総括し、星野命は、カルチャー・ショックを次のように定義づけしている。

文化ショックは一般的には、個人が自分の文化がもっている生活様式・行動規範・人間観・価値観とは多かれ少なかれ異なる文化に接触したときの、当初の感情的衝撃・認知的不一致として把握されていることが多いが、決してそれだけにとどまらず、それにともなう心身症状や、累積的におこる潜在的・慢性的パニック状態である。

要するにカルチャー・ショックを一言でいうなら、異文化の異質性に対して起こる心理的な葛藤の反応、ということになりそうである。

人間が異文化に接触した時に衝撃を受けるのは、文化が本来、特定の共同体に所属する人々の身につけるべき行動の型を、決定していくものだからにほかならない。つまり文化とは、特定な社会通念や価値観を、その社会に生きる個人の中に形成させて行くものなのである。このため、精神的、社会的な基盤が異なる異文化に身を投じて、これまで慣れ親しんで来た信念や価値観が拒絶されることになれば、戸惑いや脅威を感じるのは当然のことである。

慣れ親しんで来たものの中には、無論、言葉も含まれている。我々が母国語を自由に使いこなせるということは、我々が、自国文化におけるコミュニケーション様式の重要な一部をマスターしているということなのである。つまりこれを逆に言うと、我々が外国で言葉の不便さを感じるというのは、その国の文化におけるコミュニケーション・パターンに不慣れだということである。そして確かに、言語面での不自由さはカルチャー・ショックの度合いと関係しており、外国で言葉の問題に苦しむ人々が自閉症的な症状を示すようになるのは、正にこのためである。

この点について長島信弘は、「カルチャー・ショックの大きな形成要因はコミュニケーションの失敗や断絶にあると言える。言いかえれば、カルチャー・ショックは文化の次元におけるディス・コミュニケーションの一症状である」と述べている。

もっとも私は、カルチャー・ショックは異文化に対応していく心理状態の過程としてとらえていくべきであり、それを異文化に接した当初の衝撃ということだけに限定すべきではないと考えている。なぜなら異文化は外国語と同じで、決して母語のようにはマスター出来ないからである。このため常に、異文化には何か新しい発見がある。

アドラーは、〝異文化の移行体験〟というものを五つのカテゴリーに分類し、それぞれの体験を認知面、感情面、行動面から分析して、それらの解釈を一四八～一四九頁の表のように示した。

もちろん、カルチャー・ショックという用語は、極めて総括的な意味で使われているのであり、実際にそれを体験する人々が示す徴候には、著しい個人差があるものと思われる。また、個人の文化背景や、置かれた環境によっても、その症状は大きく異なるであろう。たとえばチベットを訪れた日本人の旅行者が、主に習慣・風俗の違いで体験するカルチャー・ショックと、アメリカを訪れたザンビアのビジネスマンが主に人間関係で体験するカルチャー・ショックの間には、かなりの違いがある筈である。また、日本を訪れた十人のフランス人が体験するカルチャー・ショックは、たとえそれを人生観の違いからくるものということに限定してみても、必ずしも同じものではないだろう。

このためアドラーによるこのような理論モデルは、普遍的かつ絶対的なものとしてではなく、カルチャー・ショックという現象について、大まかな枠組みを提供してくれるものとして理解しなければならない。

カルチャー・ショックという用語は、あまりにも衝撃的な表現であるため、海外生活を体験した人々の中には、それをまったく体験しなかったと考えている人達もいる。しかし個人差はあるものの、人間であれば、何人といえどそれから逃れることは出来ない。ただその徴候は、実にさまざまである。

タフトは、不慣れな文化的環境に慣れようとする努力の緊張感、もといた環境から根こそぎにされたと感じる喪失感、慣れ親しんだ文化的刺激や社会的地位などを取り上げられたという被剥奪《はくだつ》感、新しい環境内にいる人達にもつ劣等感、信念や価値観に対する感覚的混乱、異文化での違いに対する驚き、不快感、不安感、嫌悪感、そして効果的な対応が出来ないために持つ不能感を、カルチャー・ショックの症状として示している。

日本人のカルチャー・ショックについては、江淵一公が、相手の習慣や国民性を非難する攻

相（Adler, P. S., 1975）

行 動 面	解 釈
自文化に適した行動をする。異文化に興味を示す。自信をもって行動。印象主義者的な行動に走る。	新しい環境を自文化から分離したものとして見る。心理的に用意がないため異文化と自文化の相違点は除外視される。共通点は自文化における自分の地位、役割、アイデンティティを保持するために合理化された形で認知される。自分の行動を正当化する。
抑うつ的、引きこもる。強いホーム・シックになる。緊張とフラストレーションが増える。	文化的差異に圧迫され、自尊心を失うことを恐れる。自文化とのつながりや、自文化による心理的安定を失うことを恐れる。新しい文化での手がかりを見損ない、期待されている社会的役割を予想できない。疎外感を感じ始め、不適応体験によりアイデンティティとパーソナリティ面に脅威を感じる。
疑惑的、敵意感、排他的、独断的、拒否的傾向が目立つ。	好き嫌いの先入観により異文化を拒絶する傾向がある。強い代償行為、自己主張的行動が目立ち、同時に、順応するための自尊心が成長する。
自制力、自信、自立性が出てくる。異文化の生活に馴じんだ言動をとる。	異文化社会における生活の対人関係面や言語面において対応できるようになる。差異に対処し、新しい体験を乗り越える能力に自信がつく。柔軟な性格が強まる。
より表現的、創造的、自己実現的になる。	社会的、心理的、文化的差異が受け入れられ、生活を楽しむことができる。選択力がつき、責任ある行動が生れる。異文化での生活の意義を見出す。将来の移行体験を有益なものとすることができる。

（近藤裕訳『カルチュア・ショックの心理』から）

異文化への移行体験の諸

	認　知　面	感　情　面
異文化との接　　触	陶酔的経験。異文化に興味を示す。選別的に知覚する。	刺激され、遊び気分になる。新しいものを発見した喜び。相違点よりも共通点に関心を示す。
自己崩壊	両文化の相違点が目につき始め、強い印象を受ける。異文化の現実が選別できない。	混乱、喪失、とまどい、孤立、無感動、孤独、不全感などに充たされる。
自己再統合	一般化、評価、批判的態度などにより文化的差異を認めなくなる。	怒り、激怒、神経過敏、不安、フラストレーションを示す。
自　　律	文化的差異と共通点を正当と認める。防禦的姿勢がなくなる。感受性が出てくる。	リラックス、温和、共感的。現地人を受け入れ、非言語的なコミュニケーションをしはじめる。
独　　立	文化的差異と共通点が正しく評価され、独立的になるが、孤立しない。	現地人の信頼を受ける。愛情、ユーモアなど、感情面でのやりとりをする。

撃的な拒絶的態度、他の日本人と集団行動を取り個人行動を避ける逃避性、日本での社会的地位を誇る顕示性などに加えて、種々の心身的な症状をあげている。

また近藤裕は、臨床心理学者としての立場から、その症状として、不眠、食欲不振、頭痛、下痢、月経不順などの身体的な徴候と、フラストレーション、焦燥感、憤慨、憂鬱《うつ》感、沈黙などの精神的な徴候を示している。

しかしこうなると、カルチャー・ショックが、果たして本当に文化的現象なのか、それとも個人の心理的かつ生理的現象なのかは、よくわからなくなってしまう。

確かに異文化との接触がない限りカルチャー・ショックは起こらず、また帰国すればその症状がおさまるのだとしたら、文化的な環境こそがその原因であると、はっきり言えるのかもしれない。だが異文化に接するすべての人間が、同じ程度の衝撃を受けるわけではなく、ショックの度合いやその体験の仕方は、個人によってかなり異なる。あまりのショックで鬱病になったり自殺する者までがいるかと思えば、海外生活を十分にエンジョイしている者もいる。このためカルチャー・ショックとは言っても、個人的な要素がかなり介在しているようにも思われる。つまりカルチャー・ショックの名で呼ばれてはいるものの、それは、各個人に起こる心理＝生理現象であるので、個人的現象とも考えられるのである。

この点に関して星野命は、「いずれかの一つにくみするものではなく、しかし両方を否定するものでもない。『文化ショック』こそ、すぐれて『個人（心理）＝文化的現象』であり『個人＝文化的体験』なので、それを分析するさいには、文化のレベルと別々に考察できるが、本来これは二つの顔（といって悪ければ局面）をもった現象である」と述べている。

確かに、個人は特定の文化内で生まれて育つ。そして文化とは、人間が何か行動をするときに方向づけをする（もしくは規範となる）羅針盤のようなものであるため、個人は、その文化にそった行動様式や価値観を身につけていく。このため異文化に遭遇した際も、それらを基準にして評価したり判断したりすることになるのだが、異文化ではそれらの妥当性が失われてしまうために、衝撃を受けることになるわけである。つまり、個人は文化と切り離されて存在しているわけではなく、常に文化を担って生きているため、カルチャー・ショックとは、文化＝個人的な体験であると言えるのである。

換言するなら、カルチャー・ショックはあくまでも異文化での体験なのだが、それは個人からみれば、変化に適応しようとする際に生ずるネガティブな反応と考えられるのである。

人間という有機体には、対応することの出来る変化の量に限界があることがわかっている。そして、その限界を越えた変化に直面した場合、その人間の適応システムはこの変化に対応しきれなくなる。つまりショックとは、変化によって生じた過度の刺激に対する、適応システムの反応にほかならないわけである。

変化というものに対して、人間はいろいろな仕方で反応するため、その症状もまた多種多様なものとなる。エネルギーが外に向かえば攻撃的になり、内に向かえば自閉的になる。このため、カルチャー・ショックをより深く理解していくためには、文化人類学、社会学、心理学、神経病理学、コミュニケーション学等の協同研究が必要であろう。

現在までのところ、まだ適応というものを専門に扱う学問は存在していないが、変化が人間の身体的健康と深く関係していることは、少しずつ解明されて来ている。これはコーネル・メディカル・センターの医学者ウォルフの研究から発展して来たものであるが、人間の健康は、その人が置かれた環境にどれくらい適応しうるのかということによって、驚くほど強い影響を受けているらしい。ウォルフの後継者であるヒンクルは、この研究を〝人間生態学的アプローチ〟と名づけ、人間の健康が、非常に多くの複雑な要因によって左右されていることを説いている。

ヒンクルによると、我々が日常の生活で経験する事の変化が、実は極めて重大な環境要因であり、人間の組織体に強い影響を与えていくらしい。

ワシントン大学の精神病理学者であるホームズとレイは、大がかりな調査から、生活様式における何らかの変化が、病気と関係しているという確証を得ている。そしてこの調査に参加したサンディエゴの米海軍神経病理研究所長であるアーサーは、「短期的に多くの変化を体験すると、それに対処するメカニズムが破壊されてしまうということがいえるかも知れない。肉体の防衛と社会が人間に加える変化の圧力との間には、明らかに関係がある」と語っている。

ヒンクルはかつて、「生活とは有機体と環境との間の絶えざる相互関係である」と述べたことがあるが、確かに人間は、感覚器官を通してぼう大な量の信号を周囲の環境から受け取りながら生きている。したがって、まわりの環境に変化がみられると、人間の神経組織に入り込んで来る信号にも変化が起こるため、人は激しい反応を示すようになるのではあるまいか。

刺激の変化は、実験心理学者が言う〝準備動作〟の反応を起こさせるが、驚くべきことに、どのような変化でも身体機能を極めて大がかりに作動させ始める。つまり変化に遭遇すると、人間の瞳孔は開き、聴覚は鋭敏となり、筋肉は緊張し、呼吸回数と心拍数は高まり、そして脳波型にも変化が生じて来るのだが、多くの場合、人間は身体のそのような変調に気づくことはない。

なぜこのような変化が起こるのかというと、有機体である人間は、脳の中に、新奇なものを見わけられる一種の装置を持っているからしい。そのことに関して神経生理学者ソコロフは、脳の中の神経細胞には、入って来る刺激の強度、持続性、質、その起こる順序などの情報を貯える働きがあると説明している。ただこの準備動作の反応というのは、単なる刺激に対してではなく、新奇な刺激（例えば異なる文化体験をする）に対して起こるらしい。

このように、環境の中での変化は、人間の身体に直接的影響を及ぼすものらしいのだが、異文化での生活というのは、環境そのものの変化を意味している。このため、異文化で暮らす人々の体内では頻繁に準備動作の反応が起こっていると考えられ、それによって、これらの人々にはさまざまな生理的変化が生じるものと思われる。

心理学者のルービンは、「環境のなかで新奇なものが増して来ると――それは変化の量が大いに増すことを意味しているが――準備動作の反応は継続的に起こることになる。こうしたことはおそらく、人間の身体に大変なストレスを加えることになり、人体におそろしく負担をかけることになる。だからもし環境のなかに新奇なものが増えすぎると、人は心理的ノイローゼのようなものにかかってしまう」と述べている。

この準備動作の反応は、人種・言語・習慣・価値観・行動様式などが自国文化のものと大きく異なる文化（環境）において、著しくなるものと考えられる。なぜなら、そのような環境では、各種各様の新奇な刺激を、継続的に受け続けることになり、結局のところ、準備動作も、オーバーヒートしてしまいかねないからである。一般的にいっても、日本人の方がイギリス人よりも、アメリカやオーストラリアでは、受けるカルチャー・ショックの度合いは強いはずである。

生理学的な観点から見てみると、神経組織が新奇な刺激に対して作動するということは、この組織が、血液中にアドレナリンとノルアドレナリンを放出しているということである。つまりカルチャー・ショックによって我々が不安になった時、我々の最高・最低血圧は両方とも上昇し、心拍数は増し、筋肉の緊張度は高まっているのだが、この時、我々の体内ではアドレナリンの量も増している。一方、カルチャー・ショックによって我々が攻撃的になった時には、最低血圧のみが上昇し、心拍数は一時的に減少しているのだが、このような場合には、血液中におけるノルアドレナリンの量が増している。

副腎髄質で合成されるアドレナリンと、脳や他の神経系で合成され分泌されるノルアドレナリンは、人間の精神活動（不安、怖れ、怒り、驚き等）と強く結びついた物質であるが、準備動作の反応が起こるような場合には、ごく短時間で、一挙に増えることになる。極度のカルチャー・ショックも、生理学的に言えば、結局のところ、過剰刺激に対しての反応なのである。

人間という有機体は、神経組織に基づく準備動作の反応が扱いきれぬ刺激に対しては、内分泌腺が血液中に放出するホルモンと関係している〝適応反応〟が、それに取って代わる仕組みになっているようである。

一般に〝ストレス〟の名で知られるこの適応反応とは、人間が不安を伴う未知な刺激に対し繰り返し適応することを強いられた時、体内で起こる著しい物質における化学変化である。つまり継続する変化の状況下において、脳下垂体から排出された物質の中で、例えばACTH（副腎皮質刺激ホルモン）などという物質は副腎にいき、そこでコーチ・コステロイドという化学物質を造り出すが、この物質は、副腎から出ると新陳代謝を速めることによって、身体にさまざまな影響を及ぼすようになるという。

すなわち人間の精神的反応は、神系体ばかりでなく、内分泌腺の活動をも映し出したものと言えそうである。ただ『人間の適応』の著者デュボスが「変化の多い状況下では、ホルモンの分泌は激しく変わっていく。内分泌系統を刺激しすぎると、その組織体はそれが生きている間、ずっと続くような生理学的影響を受ける」と述べているように、強烈なカルチャー・ショックが準備動作の反応と適応反応との両方を繰り返させるようであれば、それは、神経系統と内分泌系統に著しい負担をかけることになって、その後も何らかの障害を残すことになるかも知れない。

カルチャー・ショックというのは、一種の適応不良であり、新しい境遇に適応しようとして、それがうまくいかない場合の反応であり、それはまた、心理学者ランドステットの言葉を借りていえば、「感情的にも理性的にも、その本人がみずからの殻にこもることによって、ストレスを避けようとする反応」でもある。

確かに慣れていない外国（旅行者などの場合）では、電車に乗ったり電話をかけるといったごく簡単なことすらうまく出来ず、自分の無力さからストレスを感じるものである。だが、実は慣れている筈の外国（留学生や海外勤務者などの場合）における生活でも、価値観や行動様式の違いから、人は疲れやすく苛立ちやすくなることがある。

例えば、謙譲の美徳や恩や義理、ホンネとタテマエの使い分け、社会《ひと》の目といったことを重視する文化で生まれ育った日本人は、そのようなことを軽視する文化で長く生活しようと、それらを完全に放棄してしまうことなど出来るものではない。それは、自分の属する文化のシステムや行動の規範というものが、パーソナリティーの一部となってしまっているからである。

人間は、異文化に接した場合、例外なく心理的・生理的に何らかの反応を示している筈である。だが、カルチャー・ショックを、文字通り〝衝撃〟という強い意味でとらえるならば、それは、異文化における異質性を、過剰刺激としてとらえた人達にだけ起こる反応だと言えそうである。すなわちわれわれ人間は、自国文化の中でも、環境から新奇な刺激を受けることによって緊張し、まごつき、苛立ちながら生活している。そしてストレス、ノイローゼ、心身症などに悩まされたり、あげくのはてには自殺してしまう人間までいるほどである。しかしまた一方には、心身ともに健全な人々も多くいるのである。

つまり、異文化での体験は確かに新奇な刺激なのであるが、それが異様な反応行動を取らせるような過剰刺激となるかどうかは、すべて個人にかかっていると断言できる。なぜなら、カルチャー・ショックの段階や強度は、同じ状況下に置かれても個人によりさまざまであり、決して一定などしていないからである。

異文化に接した人間の反応は、百人百様であり、極端な言い方をするなら、カルチャー・ショックの種類は、異文化体験をした人の数だけある、と言えるかも知れない。しかし、異文化に対する反応をカテゴリーに分類し、そこから、異文化に対する適性・不適性を知るのは、ある程度なら可能なことである。

私はここで、異文化に接した人々を、(1)自国文化中心タイプ、(2)逃避タイプ、(3)迎合タイプ、(4)適応タイプに四区分し、それぞれのタイプを簡単に説明してみたい。

(1) 自国文化中心タイプの人間は、島国の中で単一民族として生まれ育った日本人に多く見られる。彼らは、自分達と異なる習慣や価値観に遭遇した場合、その違いを客観的に観ることをせず、即座に拒絶してしまうことが多い。そして、「ここは自国とこういうところが違うのでダメだ」と、すべてに批判的な姿勢を見せる。こういう人々は、現地の人達との接触を極力避け、その国の言語や風習に馴じもうとなど無論しない。早く自国に帰れる日の来ることを望み、常に自国文化でのやり方にしがみついている。

(2) 逃避タイプの人間も、集団主義社会に育った日本人には少なくない。それは、日本社会では通例化している依存による上下の人間関係が、異文化では通用しなくなってしまうからである。他人に頼り頼られるという考えは、集団主義の基盤があってこそ成立するのだが、個人主義の徹底した社会では、このような考え方はネガティブなものと見なされてしまう。

このタイプの人間は、内向的かつ自閉的であり、異文化では極めてひ弱な存在である。彼らは、その国の人間と接触することに精神的な負担を感じるため、帰国するまで、同国人集団の中で生活することになる。

(3) 迎合タイプの人間は、自分や自国文化に対して、まず何らかの劣等意識を持っている。

このため、異文化における自分の異質性をなるべく覆い隠そうとすると同時に、できる限りその文化の人間になりきろうとする。つまり、彼らは、異文化における自分の異質性にコンプレックスを感じているため、異文化に同化することで、自己の防衛をはかるのである。

異質性に同化しようとするこのような心理は、明らかに生存のメカニズムから起きて来るものであるが、彼らは、話し方・行動様式・生活形態のすべてを、いっさいその国の人々と同じようにしようとする。そして、同国人となるべく付き合わず、たとえ同国人と話をするような場合にも、母語の使用を避けたりすることとすらある。

このタイプは、自国文化に無知な若年層に多いが、彼らは帰国後も、「あちらではこうだ」と、自分が生活した異文化での価値判断を基準にして話す傾向が強い。しかし実際のところ、こういう人間は自国文化に無知であるばかりでなく、自分がいた異文化についても、ほとんど何も理解してはいない。また語学力にしても、ただ発音だけを本国人のそれに真似ただけなので、たいしたレベルにまで達していない。

(4) 適応タイプの人間は、自国文化中心タイプの人のように違いを拒絶することもしなければ、逃避タイプの人のように消極的でもない。彼らはまた、迎合タイプの人間のように自分の異質性を卑下しているわけでもないので、自分のアイデンティティを見失ったりもしない。このタイプの人々は、社交的で現地の人とも積極的に付き合い、異文化をすすんで理解することによって、その環境に順応していこうとする。彼らはまず、自国文化での考え方を絶対視することはせず、それぞれの文化には固有の考え方があるのだということを大前提にしているため、物事を優劣で判断したりしない。しかもこのような人々は、異文化の知識を深める努力をするばかりでなく、異文化との接触を通じて、自国文化の特異性を再確認しながら、自国文化そのものをも客観的により深く理解していこうとする。つまりこの適応タイプの人間こそ、国際人としての資格を持ちえる人達なのである。

人間は異なる文化に遭遇した際、程度の差こそあれ、例外なくカルチャー・ショックを体験するものである。そしてこの文化衝撃の中で最も重大なものは、対人関係での難しさなのである。すなわち異文化においては、事が起こってもその状況が把握できず、相手の考え方や行動の原因が理解できないために、カルチャー・ショックというものが起こるのである。真の異文化間コミュニケーションを達成するためには、このカルチャー・ショックを乗り越えなければならない。

8 より効果的なコミュニケーション

異文化を理解するということは、実のところ想像以上に難しい。なぜなら、文化は、ひとつの知識体系としてとらえることなど出来ないものだからである。その範囲はあまりにも広く、また複雑に入り組んでいる。しかも、文化的生物である人間が観ることの出来る異文化とは、そのままの姿ではなく、結局のところ自文化という色メガネを通したものになってしまう。つまり別の言葉でいうと、人間は異文化での価値観を理解しようとする時、無意識のうちに自文化の価値尺度を使ってしまっているのである。

言語や動作ばかりか、空間や時間までに、それぞれの文化によって、尊敬、親しみ、プライバシー、なれなれしさ、侮辱などの意味が与えられているとしたら、異文化間コミュニケーションにおいて、さまざまな〝誤解〟から我々が相手に対して持つ感情は、ある意味で自文化の産物と言える。つまりホールの言葉を借りて言うなら、「文化というものの影響は、人の神経系統の髄にまでしみついてしまっている」ということなのである。

もともと文化とは、何かは当然こうでなければならないとする規範的なものであるだけに、人間は、自文化での価値観をあらゆることに対する判断の基準としている。このため自文化の価値観と衝突するような〝相違〟に対して、人は当然〝好ましくない〟というレッテルをはりがちになるものである。しかし、自文化の優位性を絶対的なものとする信念が強すぎた場合、人はエスノセントリック（自文化中心的）になり、異文化の人々に対してステレオタイプのイメージや偏見を持つようになる。

ステレオタイプとは、特定の集団に属する人々の特徴を過度に誇張し単純化させた固定観念のことである。それは例えば、「ドイツ人は厳格だ」「アメリカ人は陽気だ」「タイ人は大人しい」とかいったものである。このステレオタイプは、ある集団をカテゴリー化し、その中に含まれる人間全員を一般化したイメージでとらえてしまうことになるため、異文化間コミュニケーションにとっては、障害以外の何ものにもならない。

偏見は、ステレオタイプと明確に区別しうるものではない。ただステレオタイプが観念であるのに対し、偏見は特定な人間集団に対していだく信念なのである。しかも、「フランス人はロマンチックだ」とか「スペイン人は情熱的だ」といったように、ステレオタイプが肯定的でもありえるのに対して、偏見は常に否定的である。つまり偏見とは、誤った既成概念に基づいた、批判的かつ差別的な態度と言えるのである。

ステレオタイプや偏見がどこから生まれて来るのかはよくわからないが、両者とも特定な集団に対して向けられたものである。ステレオタイプや偏見は、過度に単純化されたものであるため、特定な人間集団に対して極端な違和感をいだかせやすい。しかも違いの強調や決めつけの態度は、人々に先入観を持たせやすくするため、異文化間コミュニケーションに重大な否定的要因を創ってしまうことになる。

我々は、文化背景を異にする人々と接触する際、文化にはそれ特有の思考・行動様式があるということをわきまえつつも、その差異ばかりを強調すべきではないし、また無論、文化に優劣をつけることなど、決してすべきではない。つまり異文化との接触は、平等で開放的なのが望ましい。

異文化間コミュニケーションが文化背景を異にした人間同士のコミュニケーションであるとは言っても、私は、最終的なところ、やはりそれは個人間コミュニケーションであると考えている。つまり、我々はコミュニケートする際、相手にアメリカ人とかフィリピン人とかイラン人とか、あるいは〝ガイジン〟といったレッテルをはるのではなく、どのような文化の人達とも、個人として接触していくべきである。そうすることによって、我々もまた、偏見や差別という枷《かせ》から、自分自身を解き放すことが出来るようになる筈である。

海外生活者の数が増大している今日、いろいろな場所でさまざまな人達を対象とした異文化適応のためのプログラムが組まれ、そしてトレーニングが実施されている。これらのプログラムはどれも、異文化間におけるコミュニケーション・ギャップの原因を理解し、文化的相違から起こる問題に対処する仕方を学ぶことによって、できる限りカルチャー・ショックを回避する方法を教えていくためのものである。そのような異文化適応訓練のメニューを組むにあたっては、特に次のようなことを考慮することが重要である。

・普遍的かつ汎用的な異文化適応のプログラムなどは存在しない。プログラムは、あくまでも特定な異文化に接触することを目指したものでなければならない。このため、欧米で創られた訓練方法の単なる翻訳版をそのままの形で利用するなどということは、まったく問題外である。

タイへ技術指導で行こうとする日本人に、アメリカ人のために創られたラテン・アメリカ適応プログラムを使えないのは無論のことだが、日本人用に創られた中近東適応プログラムも用いることは出来ない。やはりあくまでも、日本人用に創られたタイ適応プログラムでなければまずいわけである。もっとも例えば、アメリカ人のために創られた日本適応プログラムなどは、アメリカへ赴く日本人にとって、利用価値は大いにあると言える。

・訓練では、対象となる文化に住む人々の価値観・規範・役割・思考様式・行動形態などの特徴を、抽象的な形で概説していくのではなく、さまざまな体験の事例を通して、できる限り具体的に説明していくことが大切である。

また個人の場合には、本や雑誌で文化や社会に関する予備知識をつけること以外に、映画やビデオを使って、相手文化の「笑い方」「顔の表情」「身振り動作」「体の接触」などを学ぶことが出来るし、また体験者や本国人の話を聞くことで、「挨拶」「自己紹介」「要求」「依頼」「拒否」「苦情」「批判」「謝罪」「賞賛」「もてなし」等のコミュニケーション・スタイルを身につけることもできる。

事前の準備が実践への対策でなければならないのは、語学訓練の場合も同様である。外国語教育は本来、文法・語彙・発音のみの学習に留《とど》まらず、いわゆる社会言語学が指摘するところの、〝状況と場面〟における適切なコミュニケーションを目的として行なわれなければならない。すなわち、なぜその言語ではそのような場合にそういった表現をするのかといったことまで教えなければ、異文化理解とコミュニケーションには役に立たない。例えば、日本的な婉曲表現がなぜ理解されないのか、「粗茶ですが」とか「つまらないものですが」といった謙譲表現がなぜ相手を不快にさせてしまうのか、「よろしくお願いします」とか「いつもお世話になっております」といった挨拶言葉が、なぜ異文化では日本でのように受けとめられず、偽善的だ浅はかだと反発を招いてしまうのか……。外国語教育が、異文化間における人と人との交流を目標としているのであれば、こうしたことまで教えていく必要がある。

語学教育とは本来、自文化の言葉に対する認識までも高めていくものでなければならない。そうでなければ、〝コミュニケーション技能〟は言葉をもてあそぶだけで終わってしまうだろう。

あとがき

「荘子」の第十七篇「秋水」の最後に、次のような一節がある。この原文の正確な訳は私には出来ないが、それはおおよそ次のような話だと思う。


荘子が恵子といっしょに川のほとりを散歩していたとき、荘子が川を見ながら言った。

「魚がのびのびと泳ぎまわっているね。これこそ魚の楽しみというものだよ」

すると恵子は、すかさず言った。

「君は魚じゃない。魚の楽しみがどうしてわかるんだい」

荘子が言った。

「君は僕じゃない。どうして僕に魚の楽しみがわかっていないなんてわかるんだい」

恵子はここぞと言った。

「僕は君ではないから、君のことはわからない。同様に、君は魚ではないのだから、魚の楽しみなんてわかる筈ないじゃないか」
すると荘子は答えた。
「まあ議論の初めにもどってみようじゃないか。君は僕に、『魚の楽しみがどうしてわかるんだい』と言ったけど、それはすでに、君が僕に魚の楽しみがわかるかどうかを、知ったうえで言ったんだろう〔君は僕じゃなくても、僕のことをわかっているじゃないか〕。僕は川のほとりで魚の楽しみがわかったのだよ」

この話は禅問答のようにも聞こえるが、荘子と恵子とその魚を、別々の文化に属する人々というふうに置き換えてみると、俄然、これは異文化間コミュニケーションの中心的テーマとなる。つまり我々は、異なる文化に住む人々を本当に理解できるのか、という問題である。

確かにこの問答では、恵子の論理の方が、荘子よりも理路整然としているようにみえる。だが、私は荘子の言ったことの方に、なるほどと同感してしまうのである。そうでなければ、異文化間コミュニケーションなどはありえない。

もっとも、人間には自分達と異なった人々を理解しようとするどころか、逆に嫌ってしまう傾向がある。人種問題や民族紛争の種もそこにあると言えるだろう。

そもそも、社会システムの中には、異質分子を排除してしまおうとする、免疫反応的なメカニズムがある。そして民族対立などは、いわば、過剰な免疫反応というわけである。もっとも、このようなメカニズムは、何も人間社会に限ったことではあるまい。異質なものを拒絶してしまうのは、生命体の宿命のようなものだからである。

異物を食細胞やリンパ球がリジェクトしなかったら、免疫というメカニズムもなく、生物は存続しえなかったであろう。つまり、生物であるということは、異個体を排除しようとする、生命特有のシステムがそなわっているということなのである。

とはいえ、昆虫などの無脊椎動物は、どういうわけか、リンパ球や抗体が無くとも、生命を保存している。これは、異質体との共生という点で、とても寛容なあり方であるといえる。それでいながら、この種はずば抜けて数が多く、地球上に住む二百万種の生物のうち、なんと九五パーセントをしめている。つまり、異物に対して人間のように強い拒絶反応を起こさずとも、環境にうまく適応して生きている見本なのである。

このような昆虫の免疫機構は、理想的な異文化間コミュニケーションのモデルを創るうえで、つまり、文化を異にする人々に対して、どこまでの寛容性を発揮しながら共存していけるのかということを考えるうえで、重要なヒントを与えてくれるのではあるまいか。
とはいえ、私は、異文化を理解して受け入れることが、われわれをマルチ・カルチュアリズムに導くなどとは考えていない。

私はつねづね、異文化間コミュニケーションの最終目的は、異文化を知ることによって、自文化の理解を深めていくことにあると考えているからである。

そもそも自分自身の文化ほど、見えないものはない。それは文化が、我々の生活にそれほど密着したものだからである。しかし、水中に顔を入れれば、誰しもこれまで意識しなかった空気の重要性に気づくものである。同じように、人は異文化に接したとき、自分の文化とコミュニケーションの仕方に対して、より意識的な気持ちを持つことが出来るようになるのである。

異文化間コミュニケーションとは、いわば、自分を見るための鏡なのである。自分がはっきりと見えてくれば、人間は、自文化のアイデンティティになど、逆にこだわらなくなるものである。

さて、本書はあくまでも、異文化間コミュニケーションの入門書である。さらにこの分野について知識を高めたい読者のために、参考となる本をいくつか紹介したい。

『異文化コミュニケーション』(古田暁監修)、有斐閣
『異文化を読む』(岡部朗一)、南雲堂
『異文化間コミュニケーション』(J・コンドン)、サイマル出版会
『異文化とつき合うための心理学』(金沢吉展)、誠信書房
『異文化間コミュニケーション入門』(J・サモーバー、他)、聖文社
『異文化間コミュニケーション』(K・S・シタラム)、東京創元社
『日本人の異文化コミュニケーション』(鍋倉健悦編)、北樹社
『外国人とのコミュニケーション』(J・V・ネウストプニー)、岩波書店
『沈黙のことば』(E・ホール)、南雲堂
『文化を越えて』(E・ホール)、TBSブリタニカ
『かくれた次元』(E・ホール)、みすず書房
『文化としての時間』(E・ホール)、TBSブリタニカ

『異文化とコミュニケーション』(M・プロッサー)、東海大学出版会
『異文化とコミュニケーション』(島田裕巳編)、日本評論社
『異文化交際法』(林勝一)、筑摩書房
『異文化とのつきあい』(後藤一正)、リーベル出版
『異文化理解への道』(村山元英)、サイエンス社
『異文化を越えて』(G・H・フィッシャー)、ELEC出版部
『異文化への理解』(森亘)、東京大学出版会
『異文化コミュニケーション・キーワード』(古田暁監修)、有斐閣
『異文化に橋を架ける』(W・グディカンスト)、聖文社
『クロス・カルチュア思考への招待』(星野命編)、筑摩書房
『異文化とのかかわり』(星野命編)、川島書店
『異文化との出会い』(「文化と人間の会」編)、川島書店

最後に、夏目漱石の『硝子戸の中』の一節を紹介して、擱筆としたい。

他《ひと》に対する私の態度はまず今までの私の経験から来る。それから前後の関係と四囲《しい》の状況から出る。然《しか》し今までの経験というものは、広いようで、その実甚《はなは》だ狭い。ある社会の一部分で、何度となく繰り返された経験を、他《た》の一部分へ持って行くと、まるで通用しない事が多い。前後の関係とか四囲の状況とか云ったところで、千差万別なのだから、その応用の区域が限られているばかりか、その実千差万別に思慮を廻《めぐ》らさなければ役に立たなくなる。しかもそれを廻らす時間も、材料も充分給与されていない場合が多い。

（大正四年）

硝子戸の中から見渡せる世界というのは、実《まこと》に狭い世界なのである――。

異文化間コミュニケーション入門　丸善ライブラリー 226

平成 9 年 3 月20日　発　　行
令和 2 年 1 月10日　第13刷発行

著作者　鍋　倉　健　悦

発行者　池　田　和　博

発行所　丸善出版株式会社
〒101-0051 東京都千代田区神田神保町二丁目17番
編集：電話(03)3512-3264／FAX(03)3512-3272
営業：電話(03)3512-3256／FAX(03)3512-3270
https://www.maruzen-publishing.co.jp

組版印刷・中央印刷株式会社／製本・株式会社 星共社

ISBN 978-4-621-30492-1 C0280　Printed in Japan